AF233006

TABLEAU

DE

L'ÉGYPTE.

TABLEAU
DE L'ÉGYPTE,

PENDANT LE SÉJOUR

DE L'ARMÉE FRANÇAISE.

Ouvrage où l'on traite des mœurs, usages et caractère des Egyptiens ; de notre position et de nos rapports avec ce peuple ; des monumens et autres curiosités du pays, des chefs-lieux, de leur position et de leur distance respective. On y a joint la procédure de l'assassin du général en chef Kléber, quelques idées sur l'économie politique, un aperçu sur les monnaies, poids et mesures du Kaire, un tableau de la crue progressive du Nil, et la nouvelle division de l'Egypte sous les Français :

SUIVI

DE L'ÉTAT MILITAIRE ET CIVIL

DE L'ARMÉE D'ORIENT.

Par A. GALLAND,

Membre de la Commission des Sciences et Arts séant au Kaire.

TOME SECOND.

A PARIS,

Au dépôt du Code civil officiel, chez Galland, libraire, Palais du Tribunal, n°. 225.

AN XIII. — 1804.

TABLEAU

DE

L'ÉGYPTE,

Pendant le séjour de l'Armée française.

DEUX ou trois bâtimens qui nous apportent des munitions de guerre, et la nouvelle des préliminaires de la paix avec l'empereur, sont entrés dans le port d'Alexandrie. Depuis que Bonaparte est à la tête du Gouvernement, nous avons la satisfaction de recevoir de temps en temps des nouvelles de notre patrie ; et c'est pour nous un bien des plus précieux. Le général en chef a reçu aussi la confirmation de sa place.

Une cérémonie funèbre a eu lieu en l'honneur du général Desaix. C'est encore le citoyen Fourier qui a prononcé l'oraison.

Ce citoyen distingué, qui a su se concilier l'estime et la bienveillance des différens chefs qui ont commandé tour à tour en Egypte, a été nommé depuis peu chef de l'administration de la justice en Egypte.

Une souscription a été ouverte pour le monument à élever au général Desaix ; une autre l'était déjà pour le général Kléber.

Le général en chef a ordonné l'établissement d'une salle de dissection d'animaux de toute espèce, pour faciliter l'enseignement de la médecine vétérinaire.

Le citoyen Rozières, parti avec la caravane des Arabes du mont Sinaï, à l'effet de visiter cette montagne célèbre et ses environs, a écrit sur la caravane quelques détails assez curieux pour fixer l'attention du lecteur.

.... « Ce qui nous a le plus surpris » en rejoignant la caravane , dit le citoyen Rozières , c'est l'ordre avec lequel » ces Arabes étaient campés, et qui n'est » pas ordinaire aux caravanes turkes. Toutes » les tribus et même les différentes sections de ces tribus étaient campées séparément. Chaque camp particulier était

„ divisé en petites escouades de sept à
„ huit Arabes rangés en cercle autour d'un
„ même feu, et occupé à préparer en com-
„ mun ce dont ils ont besoin pour aller
„ jusqu'au campement du lendemain. Ces
„ apprêts les occupent une partie de la soi-
„ rée : la principale opération est la fabri-
„ cation du pain ; ils délaient d'abord la
„ farine dans une petite auge de bois des-
„ tinée à cela, et en forment une pâte sans
„ levain dont ils font des galettes extrême-
„ mement minces. Pour les faire cuire, ils
„ les étendent au fond d'un trou pratiqué
„ dans la terre, et qu'ils ont échauffé pré-
„ cédemment ; puis ils les recouvrent tout
„ simplement avec de la fiente de chameaux
„ embrasée. Ils ne font pas usage de pla-
„ teaux de cuivre, dont se servent d'autres
„ tribus d'Arabes. Ils mangent avec ce pain
„ quelques poignées de fèves qui sont prises
„ sur les provisions de leurs chameaux, et
„ qu'ils font bouillir pour les amollir. C'est
„ là leur unique nourriture pendant toute
„ la route. Ils prennent régulièrement du
„ café deux fois par jour, et les usten-
„ siles nécessaires pour le préparer font

» la partie la plus considérable de leur
» bagage.

» Ces Arabes paraissent peu attachés aux
» pratiques de la religion musulmane ; plu-
» sieurs d'entr'eux ne connaissent du koran
» que le nom de Mahomet : peut-être les
» connaissant mieux , leur découvrirons-
» nous des lumières cachées.

» Ils sont presque tous vêtus et armés
» de la même manière : la pièce principale
» de leur habillement est une longue robe,
» fort large, tout-à-fait fendue par devant,
» sans manches, et percée, seulement vers
» les épaules, de deux grandes ouvertures
» au travers desquelles ils passent leurs
» bras. Ce vêtement est de laine assez gros-
» sière, et est rayé dans le sens de sa hau-
» teur, par de larges bandes alternative-
» ment blanches et noires. Les enfans n'ont
» point d'autres vêtemens. Les hommes por-
» tent dessous une espèce de chemise de
» laine blanche, serrée autour de leurs
» reins avec une ceinture de peau.

» Leur chaussure consiste en un morceau
» de cuir de buffle, auquel ils donnent
» grossièrement la forme d'une semelle,

» et qu'ils attachent sous la plante de leurs
» pieds avec deux petites courroies ; ce qui
» la garantit des cailloux tranchans dont la
» route est hérissée. Il est des Arabes qui
» négligent cette précaution , comme su-
» perflue.

» Tous , sans exception , sont armés d'un
» large poignard à deux tranchans , très-
» courbe : quelques-unes de ces armes sont
» assez richement montées ; mais la qualité
» des lames paraît être la même pour toutes :
» elles viennent , par la voie de Gedda , de
» l'Arabie heureuse.

» Les mieux armés de ces Arabes , et ceux
» qui semblent spécialement chargés de la
» défense de la caravane , ont un fusil à
» mèche.

» Ils paraissent voir d'assez bon œil que
» nous les accompagnions dans leurs mon-
» tagnes. Dès le premier jour , nous avons
» été , le citoyen Coutelle et moi , visiter
» tous leurs campemens ; tous nous ont
» montré beaucoup de bienveillance. Ils
» nous ont présenté le café , et voulaient à
» toute force nous faire manger le pain cuit
» sous la fiente de chameaux. »

A 3

Les Egyptiens, qui placent Bonaparte après Dieu et le prophète, ont écrit à ce général, par l'organe de leur divan, pour le féliciter sur ses étonnans succès, et lui donner le surnom d'*Épée de Dieu*. Cette lettre mérite d'être connue :

Les U'lémas du Kaire, les Princes et Notables de l'Egypte, composant l'assemblée du Divan de l'Egypte, séant au Kaire, ville sainte et bien gardée;

A l'illustre, le très-haut, le très-puissant Prince, le général Bonaparte, premier parmi les chefs des Gouverneurs de la République des Français.

Que Dieu qui l'a choisi parmi les hommes, et lui a donné le pouvoir de vaincre, le désir de pacifier, et la sagesse pour gouverner, se serve toujours de lui, pour répandre le bonheur et la gloire sur la terre !

Que Dieu le conserve dans les périls ; qu'il l'éclaire pendant la paix, et qu'il lui permette d'accomplir tout le bien qu'il a toujours desiré de faire à la France et à l'Egypte ! que Dieu ne lui ôte rien de ce qu'il lui a donné !

Que le salut et la paix soient sur notre très-haut et très-puissant seigneur Mahomet, prophète de Dieu !

Vous nous avez solemnellement promis, très-illustre et très-généreux prince , que vos yeux seraient toujours fixés sur ce pays ; et nous avons confiance dans vos paroles, parce que Dieu a voulu qu'elles fussent accomplies en tout , et ce que Dieu veut est nécessaire.

Vous avez vaincu une partie du monde, et tous les lieux où vous n'avez pas encore porté vos armes ont été épouvantés. L'Egypte a connu vos exploits ; les pays environnans ont envoyé des hommes pour vous voir , et tous les pays qui sont à l'Orient jusqu'au bout de la terre, savent que Dieu vous à destiné à des victoires sans bornes.

Mais votre clémence et votre sagesse surpassent votre force et votre renommée. Tous les habitans de l'Egypte , nos amis, et dont les intérêts nous seront toujours chers , ceux qui cultivent la terre, et ceux qui vivent dans les cités, les femmes (que Dieu garde lui-même leur vertu), les pauvres , les riches, les jeunes gens, les vieillards, tous se réunissent, et se servent de nous pour vous parler ; car ils nous entendent, et nous les entendons ; nous ne faisons qu'un. Ils demandent à Dieu que vous soyez toujours vainqueur et toujours desirant de faire le bien, toujours aimant les pauvres, toujours respectant et protégeant notre très-sainte et très-glorieuse religion, donnant l'exemple du respect pour nos femmes qui sont, avec notre religion, ce que nous avons de plus précieux.

Vous nous avez traités après votre victoire, comme si nous vous eussions appelés dans ce pays, pour être notre juge ; Dieu l'a ainsi commandé, et ce que Dieu commande est nécessaire. Vous avez empêché ou vous avez puni tout le mal qui aurait pu être fait pendant les momens de troubles. Les Français n'ont point recherché l'oppression, et leurs vertus viennent de votre exemple, et vos vertus viennent de la volonté de Dieu ; car tout arrive comme il l'a réglé ; et vous reviendrez en Egypte, si Dieu le permet.

Vous avez apparu dans ce pays comme

un éclair de Dieu, et vous avez disparu aussi rapidement, parce que vous nous avez dit qu'un autre objet vous appelait. Vous allez par-tout où il est utile que vous soyez; et nous avons appris des Français, nos amis, dont la joie a été la nôtre, que vous avez voulu remporter une grande victoire, et que vous avez passé sur des montagnes avec votre canon, et que vous êtes arrivé au moment où l'on avait besoin de vous pour vaincre, et que vous avez vaincu. Nous avons remercié Dieu de vos succès, et nous vous avons appelé l'*Epée de Dieu*.

Nous vous disons, parce que cela est vrai, que les nations de l'Egypte et les Français ne font plus qu'un peuple. Cette union se fortifie de jour en jour par les soins de notre très-honoré, très-sage, très-illustre ami A'bd-Allah Menou.

Que Dieu veille sur lui, et le récompense de sa clémence !

Votre exemple et vos discours sont dans son cœur; il respecte et il approuve notre très-sainte et très-glorieuse religion; il veut le respect pour notre très-saint prophète, pour nos femmes et pour les pauvres. Il a réglé la justice qui vient de Dieu, et qui a sa source dans notre religion; et il l'a rétablie telle qu'elle était sous nos premiers princes. Il a mis dans le gouvernement un ordre qui lui permettra d'abroger plusieurs impôts.

Nous remercions Dieu de vous avoir inspiré de le choisir pour nous gouverner.

Nous vous demandons que vous n'oubliez point que l'Égypte est votre pays; que l'honneur de sa capitale est le vôtre; que les habitans vous aiment et vous attendent; que notre religion, que vous aimez, vous appelle; que vous lui avez fait des promesses, et que le jour est marqué où l'union des deux nations, de la vôtre et de la nôtre, doit être consommée; car Dieu le veut ainsi.

Signés Seyd Khralyl el-Bekri; cheykh A'bd-Allah ech-Cherkaouy, président du divan, cheykh de la mosquée el-Azhar; cheykh Mohhamed el-Emir; cheykh Mohhamed el-Mohdi, secrétaire du divan; cheykh Moustaffa es-Saouy; cheykh Soleyman el-Fayoumy; cheykh Moussa Syrsy;

cheykh A'bd-er-Rahhman el-Gabarty ; le schéryf seyd A'ly er-Rachidy.

Ceci a été délibéré dans la noble assemblée des grands, composant le divan de l'Egypte. Il a été lu publiquement et à haute voix, le 24 djemad et-thany an 1215 de l'hégyre.

Il est écrit ainsi dans les archives de la noble assemblée du divan, et doit y être toujours conservé ; ce qui est déclaré vrai par nous.

Signés cheykh Ismaïn ez-Zourkany, homme de loi, chargé des pièces juridiques ; cheykh seyd Ismaïn er-Rachab, archiviste conservateur des annales publiques.

On doit imprimer un journal arabe, destiné à répandre dans toute l'Egypte les actes du gouvernement et autres pièces que les circonstances peuvent demander, il sera rédigé par l'archiviste du divan, sous l'inspection et la surveillance du citoyen Fourier.

On avait créé une commission de comptabilité générale pour toute les dépenses de l'armée, et elle est en activité depuis plu-

sieurs jours ; mais je doute qu'elle réponde
parfaitement aux vues du général. On se connaît trop ici , et les égards et les considérations l'emportent sur la chose publique.

La plupart des Français qui se regardent
comme définitivement fixés en Égypte ,
cherchent à faire des établissemens utiles
et lucratifs ; et l'on ne voit que nouvelles
maisons s'élever. Il y a actuellement ici de
belles maisons de limonadiers et de res-
taurateurs , qui , à l'élégance française ,
joignent le goût égyptien. Une brasserie
vient de se former entre le nouveau et le
vieux Kaire ; mais cette boisson n'est pas bien
bonne , parce que le houblon manque. Nous
avons des bals de société, des bals publics ,
des concerts publics. Le théâtre s'embellit ;
le beau sexe a bien voulu paraître enfin
sur la scène , et le public reconnaissant l'a
accueilli par des applaudissemens nombreux
et mérités. Quelques grands du pays parmi
les Turks, beaucoup de chrétiens orientaux,
fort peu de leurs femmes , nombre de nègres
et négresses , les belles Géorgiennes et Cir-
cassiennes de nos généraux , placées dans
une loge opposée à la leur, et nos Françaises,

la plupart, moins belles, mais toujours plus gentilles et plus charmantes, composent, avec quelques autres dames européennes et une quantité considérable de Français, cette agréable réunion qui a lieu une ou deux fois tous les dix jours.

Deux choses m'ont particulièrement frappé à ce spectacle. Un Français y avait amené une femme du pays, chrétienne cependant. Cette femme voyant des figures singulièrement dessinées, des travertissemens grotesques, et sur-tout le déguisement d'un homme en femme, s'écria que cela ne venait point de Dieu, et il ne fut plus possible de l'y reconduire. En Orient, ce qui ne vient pas de Dieu, est sensé venir du diable, et celui qui fait aux yeux du peuple quelque chose d'extraordinaire, et qui paraisse miraculeux, doit passer pour prophète ou magicien. Il ne lui reste plus qu'à diriger avec adresse l'opinion sur l'une ou l'autre alternative; ce qui n'est pas absolument difficile dans un climat qui porte beaucoup plus à la contemplation qu'au travail.

Les nègres, stupéfaits d'admiration en voyant jouer pour la première fois, témoignèrent par mille grimaces leur joie et leur contentement sur les applaudissemens que l'on prodiguait à un très - bon arlequin, qu'ils prirent pour un des leurs.

Le général en chef ayant nommé une commission pour s'occuper de l'étude des pyramides de Gyzéh, et qui y campait depuis quelques jours avec une quantité considérable d'ouvriers, j'ai voulu profiter, quoique malade, d'une partie brillante qu'y devaient faire le directeur général des finances, le général Galbaud, des dames, et quelques autres personnes recommandables, pour aller visiter ces restes orgueilleux de la grandeur et de la puissance des rois d'Égypte. Nous sommes partis du Kaire, sur les huit heures du matin, et arrivés entre dix et onze au pied de ces masses vraiment imposantes : mon premier soin a été de monter au sommet de la grande pyramide. Les énormes assises qui servent de marches, et les nombreuses fractures causées par le ravage des temps, forcent le curieux à faire usage des mains autant que des pieds, et la longueur d'une montée aussi pénible l'oblige plus d'une fois à reprendre haleine. Il s'était formé ce jour là plusieurs parties pour le même objet. Ceux qui connaissent le caractère national se feront donc une juste idée de cette foule de Français disséminés comme un troupeau de chèvres sur les faces et les angles inclinés de cette masse, jouant, criant, riant, pestant, et grimpant à qui mieux mieux. Quelques fous voulaient y faire monter leurs chevaux; mais les chevaux, plus raisonnables, s'y sont refusés. On trouve à la cime de la pyramide une esplanade considérable agrandie par les détériorations qu'on y a faites ; car il parait qu'une partie de la crête a été enlevée. Les pierres fourmillent de noms Français. On y remarque aussi ceux des illustres voyageurs qui ont eu le courage de visiter ces lieux avant notre arrivée. De cette esplanade les hommes ressemblent à des nains dans la plaine, où la pierre la plus fortement lancée ne peut arriver. Les angles des assises, dérobant de loin l'espace qui les sépare, ne présentent plus, quand on y est parvenu, qu'une pente à peu près uniforme ; et l'on est d'abord surpris comment on a pu réussir à monter, mais bien plus effrayé encore sur l'embarras

de descendre. Les quatre faces portent singulièrement l'empreinte des ravages du
temps ; celle du nord cependant est beaucoup moins endommagée, et c'est par celle-
là que l'on monte communément. Les pyramides de Sakkara qui sont tout proche,
et une foule d'autres qui se dessinent dans
le lointain, un désert aride dont l'immen-
sité se perd dans l'horison, et qui ne présente, d'espace en espace, que des monticules mobiles, formés par le sable que le vent
rassemble et chasse tour à tour ; d'un autre
côté, les villes du Kaire assises au pied du
stérile Mokkatam, le fleuve majestueux qui
coule au milieu d'un vallon si fertile, et qui,
se partageant ensuite, semble vouloir réunir
dans son sein les riches productions du Delta
qu'il alimente, forment du haut de la pyramide un coup d'œil, bien singulier, bien
pittoresque, et qui fait éprouver à l'ame
des sensations tout opposées.

Après cette excursion, nous dinâmes sous
la tente du citoyen Estève, et nous fûmes
ensuite visiter l'intérieur des pyramides.
Ceux qui n'ont pas lu la description qu'en
ont faite Maillet et après lui Savary,

sauront

sauront qu'on arrive sur des décombres à la
porte d'entrée qui est à peu près à un tiers
d'élévation au dessus de la base, et au nord;
et qu'il faut descendre ensuite par une
galerie au bas de laquelle on se glisse ventre
à terre, pour en remonter une seconde plus
considérable qui conduit aux chambres.

Pendant que nous étions occupés à descendre la première galerie, il prit fantaisie
à quelques jeunes gens de se pousser; et
se trouvant les derniers, ils firent nécessairement participer toute la société aux suites
de leurs folies, car nous tombâmes tous
successivement les uns sur les autres, comme
des capucins de carte. Une torche qui brû-
lait au bas, nous éclairait à peine, et n'indiquait au plus que le lieu où nous devions
faire halte, marcher à quatre pattes, et
prendre une nouvelle direction. La seconde
galerie, beaucoup plus large et plus élevée
que la première, présente aussi moins de
difficultés, si l'on excepte un endroit où
il faut gravir un rocher assez haut, et qui
donne peu de prise. La chambre de la reine
est un trou plein d'ordures et de décombres; je n'ai été que jusqu'à la porte. Celle

du roi , placée au dessus, mais beaucoup plus haut, est plus vaste , plus élevée ; elle est recouverte à l'intérieur d'un enduit absolument noir , effet de la fumée des torches et des chandelles des curieux , et tellement dur qu'on a de la peine à y graver son nom. On avait cru découvrir une autre chambre immédiatement au dessus, et l'on y faisait déblayer ; mais on pense que ce n'est autre chose qu'une seconde voûte pour servir d'auxiliaire. La commission faisait faire aussi des travaux dans le puits qu'on rencontre en montant ; je n'ai pas eu la curiosité de le voir. J'étais indisposé : il faisait là-dedans une chaleur suffoquante, et l'on y respirait un air si lourd et si infect , que je me sentis défaillir ; et pendant qu'on examinait la pierre qui avait contenu le cercueil , tout en chantant des antiennes ou des *libéra*, car je ne ne m'en souviens pas bien, je pris le parti de redescendre tout seul, au risque de me casser le cou ou de tomber dans le puits. Pensant aux peines que je donnerais dans ces retraites où la lumière du jour n'a jamais pénétré , et aux suites fâcheuses qui en pourraient résulter ;

ne voulant déranger personne , et sentant
d'ailleurs que je n'avais pas le moindre instant
à perdre , je n'hésitai point à prendre ce parti
extrême , et je commençai à descendre en
tâtonnant. Il faut croire que l'idée du danger réveilla mes esprits ; un moment après
je me trouvai un peu mieux, et, pour comble de bonheur , une lumière vacillante
que j'apperçus dans le lointain , sans m'é-
clairer , m'indiquait cependant la direction
que j'avais à suivre : mais il me restait toujours le danger du puits qu'un faux pas
pouvait rendre inévitable. Cette bienfaisante lumière appartenait à de nouveaux
amateurs d'antiquités, et je vis, à ma grande
satisfaction, qu'elle avançait insensiblement
vers moi ; de sorte qu'elle commença bientôt à guider mes pas , et lorsqu'elle fut à
moi , je me trouvai assez de force pour descendre jusqu'au petit souterrein dont j'ai
déjà parlé , et qui me transmettait déjà une
faible lueur du jour que lui communiquait
la première galerie. Enfin , après bien des
peines et des dangers , je sortis de ce lieu
infernal , et je respirai l'air pur avec une
satisfaction indicible.

Les dames ne se trouvaient point de cette partie ; elles s'y étaient rendues dans le temps que je visitais la cîme où elles n'osèrent point monter, quoiqu'une sur-tout en éprouvât une violente tentation ; elles n'eussent point manqué de conducteurs, mais il eût fallu s'habiller en homme.

Je n'entrerai point dans des détails sur la structure de ce monument. Cette description, aussi longue que fastidieuse pour la plupart des lecteurs, n'est point du ressort de cet ouvrage ; et les amateurs de ces sortes de choses trouveront amplement de quoi se satisfaire dans l'ouvrage assez connu de Savary, en attendant que celui de la commission paraisse. J'observerai seulement que l'entrée a été un peu plus aggrandie par les soins du général Dugua.

Le citoyen Nouet a pris exactement toutes les dimensions de cette pyramide ; je m'arrêterai aux principales.

	pieds.	pouces.
Longueur de la base de la pyramide. .	699	9,7
Longueur de la base supérieure. . . .	30	6,0
Longueur de la crête actuelle.	633	11,1
Hauteur de la pyramide tronquée, c'est-à-dire, telle qu'elle est aujourd'hui. . . .	421	9,7

La seconde pyramide est à quelques pas de la première, et elle m'a paru, à peu de chose près, aussi grande que celle-ci. Il est vrai que sa crête n'est pas endommagée, et elle est encore recouverte, vers cette partie, d'un ciment dont on présume avec raison qu'elles le furent toutes. Aussi, n'avait-on jamais tenté d'y monter jusqu'à présent, et il ne fallait rien moins que des Français pour en tenter l'exécution. J'y apperçus un militaire, lorsque je passai auprès pour aller voir le Sphinx. On me dit qu'un tambour y avait déjà battu de la caisse.

La troisième, infiniment moins grande que les deux précédentes, est encore considérable. On en trouve ensuite beaucoup d'autres d'un rang inférieur. On est actuellement occupé à démolir une de ces dernières, pour en étudier la construction, et faire quelque découverte, s'il est possible.

J'ai vu l'énorme tête du Sphinx et son cou, mais je n'ai vu que cela. La sculpture ne m'a point paru aller plus loin, et le reste n'offrait qu'un rocher informe. En vain, le citoyen Coutelle qui a fait déblayer autour, a-t-il voulu désigner les pieds, les griffes et la queue de ce monstre prodigieux , mes yeux rebelles n'ont pu rien appercevoir de tout cela. Je demandai à mesdames Galbaud et Marcel que j'avais l'honneur d'accompagner, si , plus heureuses que moi , elles distinguaient quelque chose ; et ces dames m'avouèrent que leur vue aussi se trouvait en défaut à cet égard.

Je conjecture, sauf meilleur avis , qu'on a sculpté sur la crête proéminente du rocher cette tête monstrueuse qui semble dire aux curieux : *C'est ici l'asyle des morts ; gardez-vous de le profaner.* Avant le travail de la commission, les sables qui couvraient toute la surface du sol , ne laissant qu'entrevoir la tête du Sphinx , pouvaient faire soupçonner que le reste du corps était enseveli , mais actuellement toute illusion est détruite.

Enfin , je me suis retiré , bien convaincu que tous ces monumens ne valaient pas le mouvement d'une montre, et que leurs formes gigantesques n'imposent pas plus que l'utile machine de Marly ; mais il est des personnes qui trouvent tout beau hors de chez eux, et sur-tout hors de leur siècle ; et l'on ne peut pas disputer des goûts. Ce qui étonne le plus dans les pyramides, c'est la force de bras et les puissans moteurs qu'il a fallu employer pour élever à une si haute distance des pierres d'une grandeur démesurée. Il faut convenir encore que les pyramides inspirent et commandent la vénération par leur antiquité, car il est des savans qui rapportent leur existence au delà du déluge.

Le général en chef vient de prendre un arrêté concernant les mœurs publiques, par lequel il ne sera plus permis dorénavant de courir tout nu dans les rues, et de représenter des obscénités devant le peuple. Cet ordre a été provoqué par les sauteurs et les alméhs de la dernière classe.

Nous avons ici des alméhs ou femmes savantes, qui, pour des sommes assez considérables, vont dans les maisons divertir les spectateurs par des chansons, des danses lascives, et autres jeux semblables : ce sont les alméhs du premier ordre, et qui dédaigneraient de jouer en public. Mais il en est d'autres d'une classe inférieure et passablement dégoûtantes, qui parcourent les rues avec des castagnettes, accompagnées d'un mauvais ménétrier et souvent d'une vieille femme que la politesse ne permet point de qualifier. Non seulement ces alméhs jouent, chantent et exécutent des danses lascives et vraiment ordurières, mais elles représentent encore assez souvent les scènes les plus honteuses et même les plus contraires à la nature, et il n'est pas rare de voir, dans ces farces scandaleuses, des petits garçons exécuter à la lettre différentes scènes de la représentation.

Les santons sont des espèces de gens qui ressembleraient assez à nos hermites, s'ils vivaient un peu plus isolément. Ces derwichs que les bons musulmans regardent comme des élus et même des saints, vivent d'une manière fort extraordinaire, et laissent croître leurs cheveux. La plupart vont nus ou presque nus, et leurs yeux hagards n'annoncent pas beaucoup de charité fraternelle. Ils sont en grande vénération parmi le peuple ; mais ce qu'on croirait à peine, si l'armée entière n'avait pas été à même de le savoir, c'est qu'ils ont un privilège assez singulier, lequel ils ont bien soin de ne pas laisser tomber en désuétude. Si une

femme, passant dans la rue, a le *bonheur*
de leur plaire, ils lui font l'honneur de la
béatifier dans toute la force du terme, aux
acclamations et au grand contentement des
spectateurs. Souvent une femme ou amie
officieuse couvre le couple heureux de son
voile, et se tournant vers le peuple, elle
exalte le bonheur ineffable de son amie, et
ne dissimule pas qu'elle voudrait bien être
à sa place. Cet exercice pieux terminé, la
femme élue conduit le santon chez elle,
et lui fait quelques cadeaux que celui-ci
distribue ordinairement au peuple en sortant
de la maison. Je me doute bien que le lecteur
aura trouvé cette scène assez plaisante, pour
ne rien dire de plus; mais voici un nouveau
dénouement. Un jour, malheureusement
pour le santon, il passa par hazard quelques-
uns de nos militaires dans une petite rue où
cette cérémonie se pratiquait; et soit que le
koran leur inspirât la même ferveur qu'au
dévot personnage, soit la force de l'exemple,
toujours est-il vrai qu'ils rossèrent le pauvre
santon, et prirent sa place au grand scandale
des vrais croyans. Depuis ce temps, les
derwichs, plus réservés, choisissaient, pour

ces sortes d'exercices, les lieux les moins fréquentés.

Le général avait consulté le divan du Kaire, avant de rendre cet arrêté qui ordonne l'arrestation et l'emprisonnement de ceux qui se permettraient dorénavant de pareilles obscénités. On s'imagine bien que le divan n'avait garde de désapprouver cette mesure, sur-tout à l'égard des santons; car il n'est pas croyable que ces pratiques religieuses, malgré toute la sainteté du personnage, pussent être du goût des Orientaux dont l'extrême jalousie est assez connue. Les chefs écrivirent donc au général, que non seulement leur religion ne tolérait pas cela, mais qu'elle le défendait, et qu'en conséquence ils le priaient d'user du droit du commandement que Dieu lui accordait, pour mettre un frein à ces désordres.

Au reste, le peuple d'Egypte est peu scrupuleux sur les nudités, et ne paraît pas y faire beaucoup d'attention. J'ai vu plusieurs fois des fellahhs travailler tous nus à l'arrosement des terres; j'ai vu des enfans de l'âge de dix à douze ans, et par conséquent nubiles, jouer dans le même état.

Ceux qui déchargent les marchandises, venues sur le Nil, les sakkas ou porteurs d'eau, quand ils puisent, sont nus jusqu'à la ceinture ; les femmes elles - mêmes dans leurs mouvemens laissent peu de voile à la pudeur ; et je n'ai pas remarqué que cela produisît la moindre sensation chez les unes comme chez les autres. Quand la place Ezbekyéh est inondée, on voit les femmes laver ou remplir leur cruche avec indifférence auprès des nageurs et des sakkas qui se courbant pour remplir leur outre, mettent à découvert ce que la décence permet le moins de montrer. Mais tout ceci ne concerne absolument que le petit peuple ; les autres classes sont plus scrupuleuses sur cet article.

En parlant de femmes et de cruches, outre la méthode qu'elles ont de porter sur la tête, méthode connue et pratiquée en divers endroits de la France, elles en ont une autre toute particulière à ce pays ; c'est de porter le vase en équilibre sur la paume de la main, en tenant l'avant-bras dans une position verticale et près de l'épaule. Cet usage paraît remonter à la plus haute antiquité ; car on a trouvé des figures qui le réprésentent dans des monumens très-anciens.

Nous avons ici des bains français, et j'en avais fait usage jusqu'à présent ; mais il fallait pourtant voir ces bains orientaux dont quelques écrivains ont fait de si pompeuses et de si sensuelles descriptions. On m'a fait déshabiller dans une petite chambre, on m'a passé une serviette autour des reins, on m'a conduit par une petite galerie dans un local assez vaste et plein de vapeurs, au milieu duquel s'élevait un bassin où une douzaine d'Égyptiens se vautraient comme des pourceaux. Sur mon refus d'être de la partie, on m'a fait passer dans un petit cabinet à côté, sans fermeture ; on m'a jeté sur la tête et le corps de pleines jattes d'eau, on m'a couché sur le marbre, on m'a raclé, frotté le corps, on m'a coupé la barbe, et pas plus doucement que les barbiers ordinaires, on m'a inondé à plusieurs reprises, on m'a repassé du linge autour de moi, on m'a remené à la première chambre, on m'a couché sur une espèce de divan, on m'a massé ou pétri tous les membres, on m'a demandé si je voulais m'amuser, et sur mon refus on m'a donné mes habits. Enfin, je suis heureusement sorti de ce chenil, après avoir payé gardiens, conducteurs, étuviste, frotteur, barbier, masseur, etc. Je craignais encore qu'on ne me demandât dans la rue.

Je crois bien que mon domestique en a retiré sa cotte-part, car les serviteurs ont ici l'habitude de se faire payer une rétribution des marchands auxquels leurs patrons achètent : ils en ont encore une manie d'un lucre et d'un genre tout différent, c'est que plus vous les battez, mieux ils vous servent et plus ils vous sont attachés ; et comme je n'étais pas toujours d'humeur à m'accommoder à leur goût, je m'en trouvais souvent très-mal, quoiqu'ils n'eussent, pour ainsi dire, rien à faire chez moi. En général, les Orientaux ont une respectueuse considération pour ceux qui les châtient bien ; et j'ai vu des Français, après avoir inutilement essayé de se faire comprendre avec la langue, réussir parfaitement à coups de cravache ou de plat de sabre.

Pour revenir aux bains à vapeurs, des

jeunes - gens y ont une fois rencontré une Française se faisant frotter par quatre Turks, qui paraissaient faire leur travail d'assez bon cœur.

L'exemple suivant prouve jusqu'à quel point la sage administration du général Menou nous a concilié l'estime et l'amitié des habitans. Trois Français, en remontant le Nil, avaient naufragé auprès d'un village. Les cheykhs du lieu les accueillirent, et leur prodiguèrent tous les soins possibles; et comme ils savaient qu'il rodait aux environs, des Mamlouks d'Elfy - Bey, ils les cachèrent. Ces Mamlouks étant venus les demander, les cheykhs les refusèrent avec fermeté, et firent prendre les armes aux habitans, ce qui obligea les gens d'Elfy-Bey de se retirer. Ils habillèrent ensuite les Français à la turke, et les conduisirent eux-mêmes à Béni-Ssouef, ville voisine où nous avons garnison. Le général en chef a fait présent de deux pelisses à ces deux cheykhs, et leur a remis, ainsi qu'à tout le village, le quart des impositions qu'ils devaient payer pour l'année courante.

Le général ayant témoigné le desir de

constater par des actes authentiques, les naissances et décès, a reçu du divan la lettre suivante :

Au Kaire, le 16 cha'ban en 1215 de l'hégyre.

DE la part du noble DIVAN du Kaire, au Général en Chef A'bd-Allah MENOU, Commandant l'armée française.

Après les vœux que nous faisons pour votre personne, nous vous exposons que le général Bonaparte, votre glorieux prédécesseur (que Dieu veille à son bonheur!) a pris une détermination très-utile concernant les listes des décédés dans toute l'étendue de la ville du Kaire : il a ordonné que l'on formât ces listes, et qu'elles fussent rassemblées et conservées dans un registre authentique. Ces dispositions sont sages et émanent de l'intention louable de connaître tout ce qui peut contribuer à la perfection du gouvernement. Pour rendre complet un réglement aussi utile, il est encore nécessaire de connaître le nombre des individus qui naissent chaque jour dans ce même pays. Sachant par là ce que les villes perdent, et ce qu'elles acquièrent, on peut juger de ce qu'elles possèdent. Et c'était aussi le dessein de celui qui a donné le premier édit ; mais il y eut alors des difficultés, car le bien ne s'achève que lentement.

Pour vous, général, qui semblez destiné à continuer dans les pays de l'Egypte, et à terminer tous les glorieux projets du grand Bonaparte et de son premier successeur (que leurs noms soient toujours honorés !) vous avez manifesté l'intention d'établir cette seconde partie du réglement sur les morts et sur les naissances. Nous avons affirmé au citoyen Fourier, commissaire du gouvernement, que cette institution sera approuvée de tous les hommes sensés ; et nous l'avons prié de vous faire part de l'opinion unanime de l'assemblée du divan. Notre sainte religion ne peut avoir rien de contraire à une disposition aussi sage Elle recommande tout ce qui est utile ; et la connaissance ne peut point nuire à la vraie croyance, elle ne peut que l'appuyer ; et les hommes les plus éclairés sont les plus pieux, parce qu'ils sont les vrais témoins de l'ordre admirable qui règne dans la nature, et qui émane de Dieu.

Dieu

Dieu a dit dans son koran : *Chaque jour doit être destiné à un objet utile.* La science est une lumière, la foi est aussi une lumière. La science et la foi se prêtent une clarté mutuelle ; mais toute lumière vient de Dieu, et Dieu éclaire celui qu'il a choisi. Le réglement que nous vous demandons, peut être utile dans ce qui regarde la justice. La distribution légale des héritages, et plusieurs autres objets d'une grande importance auront lieu d'une manière plus parfaite, si l'on peut parvenir à connaître l'âge et la qualité de chacun, et l'état de chaque famille ; et de plus, les femmes qui perdent leur époux, sont selon nos usages, obligées de différer un second mariage pendant un délai déterminé. Le but de cette loi est de s'assurer si elles donnent ou non à la société, un enfant de leur premier mari. Or, l'exécution régulière de ces conditions exige que la date du décès de leur époux soit bien certaine. Les registres de naissance seront encore utiles en ce qu'ils donneront lieu de distinguer les femmes honnêtes qui procréent des enfans légitimes, des femmes prostituées ou infidèles. Nous vous proposons, général, d'ordonner aux chefs de chaque contrée, de tenir un registre exact de toutes les naissances, et aussi un registre de tous les décès, en faisant mention du sexe, de l'origine nationale, de la religion et de la profession; d'ordonner aussi que ces registres particuliers soient, à de certaines époques, rassemblés pour être conservés dans les dépôts publics. Nous souhaitons que l'exemple de cette institution soit suivi dans tous les pays de l'Egypte, et nous l'espérons ainsi : nous y contribuerons par nos conseils et par les soins que nous prendrons d'observer et de faire observer les ordres que vous donnerez à cet égard. Nous desirons sur-tout que ceux qui sont chargés de tenir les registres, et aussi les accoucheuses ou tous autres qui seront tenus de faire des déclarations, évitent toute erreur ou toute négligence; car ces registres ne sont utiles que s'ils sont exacts. Si la science est préférable à l'ignorance, l'ignorance vaut encore mieux que l'erreur; et celui qui ne sait point est préférable à celui qui prend le faux pour le vrai.

Il nous semble encore, général, que la

fortune nous offre une occasion heureuse
et mémorable d'établir un tel réglement ;
nous voulons parler de la naissance de votre
fils , événement fortuné dont nous acceptons
l'augure, comme un présage de la félicité
publique. Il ne peut y avoir un moment
plus propice pour publier l'édit sur les naissances en Egypte , que celui où Dieu accorde un fils au gouverneur de ce pays ; et
il ne peut se présenter à nous une circonstance plus naturelle pour vous féliciter sur
l'augmentation de votre famille , que celle
où l'exercice même de nos fonctions nous
donne lieu de vous entretenir des mesures
à prendre concernant les naissances des enfans en Egypte. Recevez donc ces félicita-
tions sur la faveur signalée du ciel. Qu'il
plaise à Dieu que l'arrivée de cet enfant
soit fortunée, pleine de joie, de charmes
pour sa famille, et qu'elle soit le signe inef-
façable de la prospérité publique. Ce sera
donc son nom gracieux qui ouvrira le livre
des naissances. L'édit datera de ce jour , et
ainsi sera bénie la suite innombrable de
tous les noms qui seront écrits sur la même
liste. Pour nous, nous continuerons de faire

des vœux pour votre personne et les heureux succès de toutes vos bonnes actions.

Signés A'b'l-Allah Cherkaouy , président ;
Mohhamed el-Mohdy , secrétaire.

Les Egyptiens sauront donc enfin dorénavant l'âge qu'ils ont : mais cette institution salutaire n'obtiendra encore de long-temps le succès complet qu'on s'est proposé. Le médecin en chef s'est singulièrement appliqué à dresser les tables nécrologiques du Kaire, sur les registres mortuaires dont Bonaparte avait ordonné la formation , et je doute qu'il ait encore réussi à nous en donner de parfaitement exactes. L'Egyptien, très-insouciant , et qui répugne à toute innovation , telle bonne qu'elle soit , ne sortira pas tout d'un coup de son apathie, pour adopter un nouvel usage, et l'observation de cette loi pourrait bien être négligée quelquefois ; mais c'est toujours un grand pas de fait : on s'y habituera insensiblement , et tout le monde en sentira enfin la nécessité.

L'Egypte offre par-tout dans ce moment-ci la végétation la plus animée , et l'espérance d'une riche récolte. La saison de l'hiver serait sans contredit la plus agréable de ce pays, si les vents du midi n'apportaient, avec leur souffle empoisonné , le germe des maladies et sur-tout de la peste. Nous avons déjà eu quelques accidens au Kaire, et nous craignons qu'elle n'exerce bientôt ses ravages. Nos craintes se fondent principalement sur la quantité de cadavres que la révolte et le siége du Kaire ont laissée, et sur la grande crue du Nil, qui, d'après l'expérience des gens du pays, en est le signe presque certain. Moi , je serais tenté de croire que le débordement du Nil est une des principales causes de cette maladie. Après la retraite des eaux, il sort de ces marais immenses de fange, où sont ensevelis des milliers d'animaux , victimes de l'inondation, des exhalaisons qui doivent nécessairement altérer la pureté de l'air; le limon considérable que le fleuve dépose est aussi une nouvelle terre dont le défrichement peut encore être nuisible ; et le khramsin achève de mettre en fermentation ces principes destructeurs.

Les réparations du mekyas sont achevées. On n'a peut-être pas donné à ce monument toute la dignité qui lui convient, et l'entrée nous en a paru mesquine et mal placée ; mais enfin ce n'était qu'une réparation , et, au lieu d'une misérable écurie qu'il représentait , on y remarque de la distribution, de la propreté et un certain goût. Nous donnerons à la fin de cet ouvrage le rapport qui a été fait à ce sujet.

Depuis quelque temps , nous recevons fréquemment des nouvelles de France ; on nous fait passer aussi des munitions de guerre et autres objets nécessaires à la colonie , et parfois quelques troupes. Nous avons appris l'armistice signé avec l'empereur, et l'explosion de la machine infernale qui a fait périr tant de victimes, et dirigée contre le premier consul , que sa bonne fortune ou le génie de la France a encore soustrait à ce nouveau danger.

Le général en chef vient de faire annoncer la fin du ramaddan par de nombreuses salves d'artillerie. J'avais oublié de parler des deux fêtes principales des musulmans, qui sont la naissance du prophète, et l'entrée du ramadhan, c'est-à-dire, du mois consacré au jeûne et à la prière. Ces fêtes sont de vrais charivaris, semblables, mais plus en grand, à ce que j'en ai déjà dit au sujet de la réjouissance qui eut lieu à Alexandrie, au premier vendémiaire. Dans celle du prophète, on distingue quatre chevaux de main richement harnachés pour Mahomet et ses premiers successeurs. Dans l'une et dans l'autre on voit des hommes faire des grimaces, des gestes et des contorsions, quelquefois ridicules, quelquefois indécentes; on en voit marcher sur des échalas d'une hauteur prodigieuse. Les riches sont montés sur de superbes chevaux ou sur des mules, d'autres sont à âne, et le reste à pied, excepté les timbaliers qui sont sur des chameaux avec de mauvaises timbales qui rendent un son semblable à celui du chaudron. Les membres des corporations ont sur la tête une mître qui répond assez à celle de nos évêques.

La fête du ramadhan, qui ne se fait que la nuit, et à la lueur de feux entretenus dans de petits réchauds que des hommes portent au bout d'un bâton, pré-

sente quelque chose de lugubre et d'ef-
frayant. On y remarque aussi tout le délire
d'un fanatisme intolérant, et malheur aux
chrétiens et aux juifs qui se trouvaient autrefois sur leur passage et même dans la rue;
car, pour qu'il ne manquât rien à la fête,
il devait périr au moins un ennemi de l'islamisme. La présence d'une armée victo-
rieuse n'a pas tellement comprimé ce fanatisme, qu'il n'y ait eu de nos jours des victimes de la fureur religieuse des sectateurs de Mahomet; et l'on m'a assuré que
depuis notre arrivée il avait péri un Français, à chaque ramaddan. Il ne faut cependant pas rigoureusement compter sur les
bruits publics; et il est possible qu'une
imprudence ait attiré ce malheur. Mais égor-
ger pour une imprudence, une étourderie,
n'est pas moins un acte de fanatisme et d'un
fanatisme outré.

Pendant tout ce mois, les musulmans
s'abstiennent rigoureusement du boire, du
manger et des femmes, depuis le lever du
soleil jusqu'à la chûte du jour. Ceux qui
sont employés aux travaux les plus pénibles
ne sont pas exempts de ce jeûne, et si

quelque circonstance majeure, comme une maladie, forçait d'en enfreindre l'observation, il faudrait le remplacer par le jeûne d'un autre mois.

Le ramaddan n'est pas aussi pénible pour les gens riches, car s'ils consacrent le jour à l'abstinence et à la prière, leur nuit est employée à la bonne chère et aux plaisirs : ils se rendent des visites, passent le temps à discourir, à fumer la pipe et à prendre du café, et ils dorment ensuite une partie de la journée.

Le peuple, qui n'a pas la faculté d'en faire autant, remplit les cafés, et s'amuse comme il peut jusqu'à onze heures ou minuit.

Le général en chef vient de prononcer la peine de mort contre quiconque serait convaincu d'avoir entretenu des correspondances avec les ennemis de la République, ou d'avoir fait des signaux de reconnaissance et d'avertissement, pour les instruire de ce qui se passe.

Peu de temps après il a mis à l'ordre du jour la proclamation dont la teneur suit :

Au nom de Dieu clément et miséricordieux.
Il n'y a de Dieu que Dieu, et Mahomet est son prophète.

MENOU, Général en Chef de l'armée d'Orient , et représentant en Egypte le Gouvernement de la République française ;

A tous les habitans, grands et petits, riches et pauvres, de la ville du Kaire et de l'Egypte.

Des hommes pleins de méchanceté et d'imposture, et qui ne songent qu'à faire du mal au peuple, répandent dans la ville du Kaire des bruits alarmans. Nous vous avertissons que tout individu, de quelque nation et religion qu'il soit, qui sera convaincu d'avoir répandu ou fait répandre ces bruits alarmans, sera arrêté sur-le-champ, et aura la tête tranchée au milieu d'une des places du Kaire.

Habitans du Kaire et de l'Egypte, restez tranquilles dans vos maisons ; vaquez à vos affaires ; et rappelez-vous de mes paroles.

Le gouvernement français veille à votre sécurité , comptez sur sa protection ; mais il a l'œil sans cesse ouvert sur tous ceux qui voudraient exciter des mouvemens ou la rebellion. Salut à qui marche dans la bonne voie.

Signé **M E N O U.**

Le 10 ventôse , quatre jours après cette proclamation , une armée navale anglaise a paru à la hauteur d'Abou-Kyr : nous en avons reçu la nouvelle le 15 , et le général s'est aussitôt mis en marche pour recevoir l'ennemi , s'il cherchait à débarquer ; mais il a bientôt appris qu'il avait regagné le large , contrarié sans doute par les vents. Le général a dû continuer cependant à faire passer des renforts considérables sur Alexandrie , Damiette , Ssalehhyéh. Les habitans paraissent très-disposés en notre faveur : ceux d'Alexandrie , Rosette et Damiette ont déclaré qu'ils unissaient leur sort au nôtre , et ils ont offert de marcher à l'ennemi. Le général en chef n'a pas moins cru devoir adresser , à tous les habitans de l'Egypte , une proclamation , dans laquelle ,

après leur avoir retracé le courage et l'é-
nergie des Français, jusqu'à présent vic-
torieux, il termine ainsi :

« Vous, habitans de l'Egypte et du Kaire,
je vous préviens que si vous vous conduisez
ainsi que le doivent faire des hommes craignant Dieu ; si vous restez tranquilles dans
vos maisons, si vous vaquez à vos affaires
comme de coutume, vous n'aurez rien à
craindre : mais je vous préviens aussi que
s'il arrive à quelqu'un d'entre vous de
vouloir exciter des mouvemens, et de se
révolter contre le gouvernement français,
je le jure au nom de Dieu et de son prophète, sa tête tombera à l'instant. Rappelez-
vous ce qui est arrivé lors du dernier siége
du Kaire ; le sang de vos pères, de vos
enfans, de vos femmes, a coulé dans toute
l'Egypte, et principalement dans la ville
du Kaire ; vos propriétés ont été pillées et
ravagées ; vous avez été taxés à de très-fortes
contributions extraordinaires. Mettez bien
dans votre esprit tout ce que je viens de
vous dire. Salut à qui est dans la bonne voie,
malheur à qui s'en écarte. »

La frégate *la Régénérée* et le brick *le Lody*, sont entrés le 12 dans le port d'Alexandrie, apportant de France des troupes, des munitions, des médicamens, etc., annonçant la conclusion définitive de la paix avec l'Empereur d'Allemagne, et le rétablissement du bon ordre en France. Plusieurs salves d'artillerie on anonncé ces heureuses nouvelles.

Le général en chef vient de nommer une commission pour travailler au cadastre général des terres d'Egypte.

Le 17, les Anglais ont effectué leur débarquement sur la plage d'Abou-Kyr. Le général Friant leur a opposé la résistance la plus opiniâtre ; mais enfin, il a été obligé de céder au nombre infiniment supérieur des ennemis, après en avoir tué une quantité considérable. Le général en chef s'est porté aussitôt vers ce point. Bien des personnes sont ici dans l'inquiétude, et craignent que la mésintelligence qui règne entre le chef de l'armée et quelques généraux, ne devienne fatale au succès de nos armes. Le général Menou, à qui l'on ne peut que reprocher

d'avoir peut - être un peu trop heurté de
front leurs opinions ou leur intérêt (1), a
généreusement cherché, dans ces momens
difficiles, à bannir tout ferment de discorde,
en leur confiant une partie du commandement de l'armée ; et je pense que des
hommes qui se sont tant de fois honora-
blement distingués dans les combats, ne
balanceront pas un instant entre quelques
petites tracasseries et les intérêts de la
patrie.

Nous sommes ici dans une impatience
singulière sur le résultat des événemens
que nous attendons d'un moment à l'autre.
Nous voilà au 30 du mois ; et nous n'avons
pas encore appris qu'il y ait eu d'affaire

---

(1). Le général Menou, suivant moi, a trop perdu
de vue que nous étions en etat de guerre, et il a
voulu gouverner comme en temps de paix. Ses prédé-
cesseurs n'ignoraient pas qu'il existait des abus ; mais
ils ménageaient des hommes dont ils pouvaient avoir
besoin au premier moment. On peut bien faire cesser
quelques abus crians; mais de suite, couper racine à
tous, c'est trop dangereux : il ne l'était pas moins de
censurer la conduite de Kléber qui avait de nombreux
et puissans partisans.

générale ; on soupçonne seulement qu'elle devait avoir lieu le 29. Mais on dit que les Anglais ont eu le temps de se retrancher sur les hauteurs du camp de César, près d'Alexandrie, et alors l'attaque deviendra bien plus difficile.

Le premier germinal au soir, tout a changé de face ; l'alarme est générale au Kaire, au point qu'on ne peut pas s'en faire d'idée : on croirait que l'ennemi est aux portes. Le général Belliard a ordonné qu'on déménageât dans la nuit même à la citadelle, chose absolument impraticable pour les établissemens publics et les administrations, sans parler du nombre prodigieux de chameaux nécessaires à cet effet, et qu'il n'est pas plus possible au gouvernement de livrer, qu'aux particuliers de se les procurer. On vient d'organiser en corps le civil et chacun s'arme d'un fusil et d'un sabre Dan le trouble et la confusion, c'est à qui se rendra à la citadelle avec ce qu'il peut porter de ses effets. Mais moi qui ne me porte pas bien, et qui vois dans ce mouvement simultanée une espèce d'analogie avec celui qui eut lieu au commencement de la révolution dans toute la France où chacun criait aux brigands sans les avoir vus, je n'en coucherai pas moins ce soir au Kaire, sauf à en partir demain matin, s'il est nécessaire; car enfin, à force de questions, j'ai appris que le général Menou, après avoir fait, le 29, des prodiges de valeur, et avoir eu plusieurs chevaux tués ou blessés sous lui, avait été obligé de se retirer avec perte, des retranchemens anglais où il avait pénétré avec la cavalerie qui s'y est battue de la manière la plus intrépide, et avec un acharnement dont on a vu peu d'exemple. Mais cette perte toute désastreuse qu'elle est, n'est jamais qu'un échec, et non une perte de bataille ; et d'ailleurs, dans tous les cas possibles, il eût fallu plus de deux jours aux Anglais pour remonter jusqu'au Kaire. On ajoutait, il est vrai, que les Osmanlis avaient pénétré par le désert, et qu'ils s'étaient plus qu'à quelques lieues de cette ville ; mais comment se pouvait-il qu'ils fussent arrivés si près de nous, sans en avoir jamais eu aucune espèce de nouvelle ? et puis les Turks ne marchent ni ne se battent la nuit, et j'avais toujours franche la matinée du lendemain

lendemain. La crainte de la révolte du Kaire
eut été sans contredit la meilleure raison
à donner, quoique l'évènement n'en fût pas
probable dans les circonstances actuelles ,
et d'après le souvenir du passé.

Le lendemain on a continué de déména-
ger, mais avec un peu plus d'ordre et de
tranquillité d'esprit. Nous n'avons pas encore des détails officiels sur cette affaire , et
vraisemblablement nous n'en aurons pas.
Les versions varient à ce sujet , suivant l'o-
pinion des partis Les uns attribuent le non
succès de cette attaque à la lenteur du général Menou , lenteur qui a permis aux Anglais de se retrancher jusqu'aux dents ; d'autres, beaucoup de soldats sur-tout , à la funeste mésintelligence dont nous avons déjà
parlé , et l'on nomme hautement les généraux Damas et Reynier, comme n'ayant pas
concouru à seconder les opérations du général en chef. On dit que la division du
général Reynier a perdu beaucoup de monde
sans brûler une amorce , et que les soldats
en étaient furieux. Le général Lanusse ,
que le parti avait toujours mis en avant
dans ses divers projets contre le général

en chef, a péri dans cette affaire ; mais l'on dit encore qu'il ne s'est pas battu dans le poste qui lui avait été désigné.

Quoi qu'il en soit, les amis de la chose publique ne regardent pas encore nos affaires comme désespérées. Le général Menou s'est retranché à son tour, en attendant qu'il plaise aux Anglais de sortir de leur enceinte. L'ordre du jour suivant peut donner une idée de la situation des esprits et de la position de l'armée française, et semble confirmer les bruits dont nous venons de rendre compte.

Au quartier-général d'Alexandrie, le 9
germinal an 9.

MENOU, Général en Chef.

Soldats,

Un dragon du dix-huitième régiment, qui était en vedette, a déserté hier, et s'est rendu à l'ennemi. Je ne regrette pas sa porte, car ce ne pouvait être qu'un scélérat. Tout homme qui oublie à ce point ce qu'il doit à l'honneur et à sa patrie, est indigne de rester parmi vous ; il ne peut même qu'être méprisé par l'ennemi.

Je sais qu'il existe des hommes qui, par de mauvais propos qu'ils tiennent, cherchent à désorganiser l'armée; mais je sais aussi que ces hommes vils et méprisables ne trouveront aucun accès auprès de vous. Je sais que des soldats qui, depuis le commencement de la guerre, ont donné tant de preuves de leur valeur, de leur générosité et de leur attachement à la République, ne se laisseront pas ébranler par des hommes que soudoyent nos ennemis. C'est la tête levée et fière de notre conduite, que nous devons un jour rentrer dans notre patrie.

Je ferai pour vous tout ce qui dépendra de moi, et ce que me permettront les circonstances ; si nous sommes forcés à éprouver des privations, c'est moi qui vous en donnerai l'exemple.

J'ordonne que quiconque tiendra de mauvais propos, tendant à jeter le découragement parmi les troupes ou à les désorganiser, soit fusillé à l'instant.

Tous les généraux et autres chefs militaires sont chargés de l'exécution stricte du présent ordre, qui sera envoyé et lu à tous les corps de l'armée.

Tous les deux jours, l'armée aura une distribution d'huile et une de vin ; le vin, à raison d'une bouteille par quatre hommes. Les travailleurs auront des distributions extraordinaires.

Au moyen des mesures prises, le général en chef espère que les troupes pourront avoir du pain tous les jours ; mais si les circonstances s'y opposaient, le général en chef donnera l'exemple à toute l'armée, de ne consommer du biscuit qu'aux jours indiqués.

Signé **M e n o u.**

Par un autre ordre du jour, en date du 14, il a ordonné que toutes les bouches inutiles sortissent d'Alexandrie, pour se retirer à Rahhmaniéh. Un déserteur et quelques étrangers qui prêchaient la révolte et la désorganisation, ont été fusillés.

Pour nous, nous avons ici deux autres ennemis bien redoutables, le charbon et la peste. Avant de monter à la citadelle, la peste avait déjà fait quelques victimes ; mais dès les premiers jours de germinal, elle s'est manifestée avec une violence alarmante, et le charbon non moins redoutable, vient encore d'ajouter à l'affliction publique. Quoique nous soyons peu nombreux, il ne se passe point de jour qu'il ne succombe plusieurs d'entre nous. Ces redoutables fléaux avaient un peu diminué d'intensité, et nous commencions à respirer; mais à la nouvelle lune, au commencement de floréal, ils viennent de reprendre avec plus de fureur.

D'après quelques observations, quatre choses m'ont paru principalement exposer le sujet à être atteint de la peste : l'excès du travail, la débauche en vin ou liqueurs, l'intempérance avec les femmes, et la peur.

L'individu attaqué de cette maladie sent d'abord un mal-aise général, un violent mal de tête et souvent des nausées ; forcé de se mettre au lit, le délire s'empare bientôt de ses sens, et communément au bout de trois jours il a cessé d'être. S'il passe ce terme, il donne ordinairement des espérances ; mais il faut qu'il soit extrêmement circonspect sur le régime, et surtout que le moral ne soit point affecté : la moindre cause amènerait une rechûte, et sa perte deviendrait infaillible. Le bubon sort ordinairement aux aînes ou sous les aisselles : l'essentiel est qu'il vienne bien à maturité, après quoi on y fait une incision. J'ai ouï dire qu'il se résolvait quelquefois, et s'en allait par les évacuans ; mais il n'appartient qu'à la médecine de juger à quel point ce fait peut être vrai. Lorsque le bubon paraît, sans être précédé d'aucun des symptômes dont nous venons de parler, alors on regarde la peste comme bénigne, et l'on espère beaucoup.

Bien des personnes, pour se préserver de cette maladie, se frottent le matin en se levant, les tempes, les narines et les paumes des mains, avec du vinaigre d'une composition forte, et où il entre beaucoup d'ail et d'absynthe ; on parfume les appartemens avec des herbes fortes, et l'on boit aussi par précaution une tasse de café à jeun, dans laquelle on a exprimé du jus de citron. On fait prendre beaucoup de cette boisson à ceux qui sont déjà attaqués, et l'on tâche sur-tout de faire suer le malade. La peste ne se communique pas toujours au toucher ; cela dépend du tempérament et de la disposition du sujet.

Au reste, cette épidémie se développe sous différens types plus ou moins dangereux ; et l'on a tout lieu d'en espérer des détails satisfaisans des observations savantes de nos médecins (1).

Quoique cette maladie passe pour endémique, tout porte à croire qu'avec de la propreté et des précautions elle paraîtrait rarement, puisque, heureusement pour l'armée, elle ne s'est point manisfestée cette année-ci à Alexandrie, siège ordinaire de son empire, malgré une réunion considérable d'hommes, et la guerre qui s'y fait. Assurément on peut attribuer avec raison cet heureux changement aux réparations que le général Menou a fait faire pour la salubrité de cette ville. Mais les Egyptiens, sur-tout ce qu'on appelle les Turks, ne craignent point la peste, ne prennent aucune précaution pour s'en garantir, et sont

______

(1) Le citoyen Desgenettes, médecin en chef de l'armée d'Orient, vient de faire paraître un travail à ce sujet.

d'une mal - propreté extrême dans leurs maisons , et même sur eux , nonobstant les ablutions qui , pour nettoyer momentanément le corps , n'en ôtent pas davantage la crasse des habits.

Ce sont les Turks qui gardent et soignent immédiatement nos malades ; ils mangent et se couchent par terre auprès du moribond ou du cadavre , aussi indifféremment que sous un arbre ou dans leur propre maison.

On a observé que l'épidémie , toutes proportions gardées , attaque plus de Français que d'Egyptiens , et je crois que les nègres en sont encore plus facilement atteints que nous.

Mourad - Bey qui descendait de la haute Egypte , sans doute pour nous porter du secours , suivant les articles du traité , passe pour être mort en route de la peste ; mais des politiques soupçonnent avec quelque apparence de raison, que ce guerrier a été empoisonné (1).

Deux parlementaires, l'un anglais, l'autre turk , se sont présentés le 12 floréal , pour,

____

(1) J'ai appris depuis peu, qu'on lui avait offert seize millions pour le détacher de notre parti.

dit-on, sommer la ville et la citadelle de se rendre. Ils ont eu une conférence avec le général Belliard qui, ajoute-t-on, leur a fait une réponse ferme. La voici telle qu'elle a été insérée à l'ordre du jour de la place : « Le corps d'armée que j'ai l'honneur de » commander, attend l'armée de son altesse » le suprême visir, avec les troupes de sa » majesté britannique, et saura les com- » battre, lorsqu'elles se présenteront. »

Les personnes judicieuses et clairvoyantes ne peuvent concevoir l'arrogance d'un ennemi qui, sans aucun appareil de guerre, envoie deux hommes, de cinquante lieues, pour sommer une grande ville et tous ses forts de se rendre.

Le bruit court que le général en chef, ayant fait arrêter et partir pour France les généraux Reynier et Damas, le bâtiment qui les portait est tombé au pouvoir de l'ennemi, et que ces généraux sont actuellement à Abou-Kyr.

On éprouve à la citadelle une chaleur suffoquante : le Mokkatam qui nous domine, à deux pas de nous, et coupé à pic de ce côté, réfléchit sur cette forteresse les rayons brûlans du soleil ; et l'on peut à peine arrêter les yeux sur cette montagne aride qui ne contribue pas peu au mal-aise dont on se plaint.

On voit ici le puits de Joseph : il a cela de remarquable qu'il est creusé dans le roc à une profondeur de deux cens soixante pieds. Il est carré et à deux étages. Des bœufs tournent une roue à chapelets sur la plate-forme du puits inférieur, font monter l'eau dans un réservoir qui y est pratiqué à côté, d'où elle remonte, par le moyen d'une semblable roue, à la surface du puits supérieur, pour couler dans un petit bassin à l'usage du peuple et des animaux, et refluer ensuite dans les lieux qu'on lui destine. Le commandant de la citadelle s'en sert aujourd'hui pour arroser un joli petit jardin qu'il s'est fait faire.

On descend aisément dans le premier puits par une rampe pratiquée hors de son enceinte, mais toujours dans le roc, et éclairée de distance en distance par des ouvertures qui donnent dans le puits. Je ne suis pas descendu dans le puits inférieur, dont la rampe, beaucoup plus resserrée, est obscure et dégradée.

On a observé que le fonds du puits de Joseph est au même niveau que le lit du Nil, et que son eau éprouve le même accroissement et la même diminution, d'où l'on infère qu'elle vient de ce fleuve, et que son goût saumâtre se forme des sels dont elle se charge en arrivant.

Un bel aqueduc conduisait autrefois dans la citadelle, les eaux du Nil qu'il prenait, au moyen de roues à chapelets, entre le khralydj et le vieux Kaire, en face de l'île de Raoudah (1); mais cet aqueduc, dégradé en plusieurs endroits, ne sert plus depuis long-temps.

La grande majorité des membres de la commission vient de quitter la citadelle, et de s'embarquer sur le Nil, pour regagner Alexandrie, et puis la France, s'il est possible. Le citoyen Girard a remplacé le citoyen Fourier, en sa qualité de chef de

---

(1) C'est aujourd'hui le *fort de la Prise d'eau.*

l'administration de la justice, et pour rester auprès du divan en ôtage à la citadelle.

Il y a encore eu de nouveaux pourparlers entre le général Belliard et des envoyés de l'armée ennemie.

Nous venons de perdre Rosette : cette ville est tombée au pouvoir de l'armée combinée, le 18 de ce mois. Le général Lagrange, après avoir contenu toute la journée du lendemain, des forces supérieures en avant de Rahhmaniéh, s'est vu forcé de se replier sur le Kaire où il est entré avec sa troupe, le 25. Il paraît que les communications sont à peu près interrompues; nous ne savons plus ce qui se passe dans Alexandrie. La presque totalité des beys qui étaient avec Mourad, a passé du côté de l'ennemi qu'on dit s'avancer vers le Kaire sur les deux rives du Nil, les Anglais à gauche, les Osmanlis à droite; tandis qu'une flotille remonte ce fleuve, pour approvisionner l'armée combinée, et seconder ses opérations.

Quant à moi, je ne pourrai pas la voir arriver; une seconde ophtalmie vient encore de me priver de la vue, ce qui rend ma position on ne peut pas plus désagréable. L'exercice m'est absolument nécessaire pour rétablir ma santé entièrement délabrée, et si la peste et la grande chaleur ne me permettaient point de sortir dans cet état, je pouvais au moins, jusqu'à présent, me promener dans ma chambre et sur la terrasse. Actuellement il faut que je reste immobile dans un coin, et tellement accablé qu'il m'est impossible de manger une aile de poulet sans m'exposer à de graves incommodités. Je me suis remis au vin depuis quelques mois pour reprendre des forces: il est beaucoup moins rare depuis quelque temps par les arrivages successifs qui ont eu lieu, et celui de Bordeaux ne coûte plus que deux piastres et demie d'Espagne. Mais ce nouveau régime ne me remet pas d'avantage, et il ne me reste plus qu'à me résigner, comme les Turks, à la divine providence.

Après l'arrivée du renfort que nous a donné le général Lagrange, le général Belliard s'est porté vers la Coubbéh au devant des Osmanlis. Il s'est tiré quelques coups, et le général est rentré. C'était plutôt une promenade militaire et d'observation.

On a mis une activité incroyable à faire des fortifications et des retranchemens qu'on dit être fort beaux ; mais la circonvallation est immense, et dix mille hommes ne suffiraient pas pour la défendre ; car elle comprend Gyzéh, le vieux Kaire, le Kaire et Boulac. Les soldats sont animés du meilleur esprit, et on leur entend dire dans les rues, que si l'ennemi veut avoir le Kaire, il faudra qu'il le gagne.

L'armée combinée est à la vue de la ville, mais elle avance si lentement qu'on serait tenté de croire que c'est pour la forme. Les Anglais ont beaucoup d'émigrés et sur-tout de Corses parmi eux. On dit que les vivres manquent, et que les Anglais sont souvent obligés de se sabrer avec les Osmanlis qui se jettent sur les provisions, à fur et mesure qu'elles arrivent.

Pour nous, nous sommes encore assez bien approvisionnés, ainsi que la ville. Les habitans sont parfaitement tranquilles, et paraissent toujours dans d'excellentes dis-

positions à notre égard. Ils disent qu'ils aiment mieux donner à dîner à celui qui a
bien déjeûné qu'à celui qui arrive à jeun.
Cependant, le général Belliard a jugé à
propos d'adresser aux habitans la proclamation ci-après, en date du 19 prairial :

« Jusqu'à ce jour, votre bonne conduite
et les égards que vous avez eus pour tous
les Français, vous ont mérité la tranquillité
dont vous jouissez. J'ai été content de vous,
et vous savez tous combien vous avez
éprouvé ma clémence et ma justice. Riches
et pauvres, grands et petits, vous n'avez
qu'à vous louer de moi. Par mes soins, vos
subsistances en tout genre ont été assurées
et abondantes, autant que les circonstances
l'ont permis. Dieu a secondé mes efforts,
et vous n'avez point encore éprouvé les
malheurs de la guerre. Je vous conseille, en
père qui vous aime, de ne jamais vous écar-
ter de la bonne voie. Veillez sur vos enfans,
vos épouses, vos propriétés ; invitez tous vos
concitoyens à la paix et à la concorde, et
soyez toujours soumis à ceux qui vous commandent, et que Dieu a chargés de votre
salut.

» Je vous déclare à tous, que j'aurai sans cesse les yeux ouverts sur vous, et que je ferai tout pour assurer votre bonheur, tant que vous serez fidèles à l'armée française; mais si l'armée ennemie s'approchait de vos murs, et que quelque individu ou quelque quartier fût assez audacieux pour prêcher la sédition ou lever l'étendart de la révolte, ils doivent s'attendre aux châtimens les plus terribles : leurs familles et leurs propriétés seront livrées au fer et aux flammes; et tous les forts qui sont autour de la ville vomiront les boulets et les bombes sur le quartier rebelle. Rappelez-vous vos désastres passés, et songez qu'une rebellion ne pourrait vous soustraire à des malheurs encore plus grands qui vous accableraient de toute part. Dieu est tout-puissant, il veille sur vous; attendez sa volonté avec patience ».

L'épidémie a considérablement diminué, et ceux qui en sont encore atteints guérissent bien plus facilement. Cet heureux changement est dû à l'approche des grandes chaleurs qui produisent ici sur cette maladie, le même effet que la gelée en Europe. Les vents du nord qui commencent à souffler,

souffler, à la crue du Nil, contribuent beaucoup aussi à purifier l'air. On dit, car on ne peut pas avoir des données bien certaines, que sur environ trois mille six cens Français, civils ou militaires, que nous étions avant l'arrivée du général Lagrange, il en a péri de douze à quatorze cens, et que le Kaire, dont la population se monte à près de trois cens mille ames, n'en a perdu que cinquante mille. Il est vrai que l'eau-de-vie de dattes, très-commune ici, et que les Français boivent en place du vin, n'a pas été plus épargnée que dans les temps ordinaires, et peut-être moins. On peut même dire, en général, que le soldat français se moque de la peste comme de la guerre; qu'il s'amuse et fait son profit où il le trouve, à tous risques et périls.

On parle d'évacuer le Kaire et places adjacentes, et déjà l'on tient des conférences à ce sujet. Le général Belliard, pour ne pas mettre cette affaire sous sa responsabilité, a convoqué un conseil de guerre extraordinaire, dans lequel, après avoir entendu les ingénieurs, qui ont avoué que leurs travaux étant incohérens ne pouvaient pas tenir long-temps contre une forte attaque. Le projet d'évacuation a passé à une grande majorité. Il y a eu cependant de fortes oppositions. Quelques chefs voulaient qu'on tentât le sort d'une bataille, et soutinrent que dans un cas désespéré on avait toujours la ressource de monter dans la haute Egypte, d'où il serait impossible à l'ennemi de nous chasser. Mais celui qui a parlé avec plus d'énergie et de véhémence, c'est l'intrépide Dupas. *Je les ai vus de près*, a-t-il ajouté en terminant, *ces Anglais qu'on nous fait si redoutables. Qu'on me donne cinquante hommes, de bonne volonté, et je me fais fort de couper leurs lignes.* Le chef de brigade Dupas a eu le commandement de la citadelle sous les trois généraux. Actif au delà de ce qu'on peut s'imaginer, il y avait fait faire des réparations immenses, et à peu de frais pour le trésor public, en se servant des prisonniers qu'il occupait à ce travail. Ces changemens avantageux avaient donné une toute autre physionomie à cette place importante : Dupas la regardait comme son ouvrage, et s'y complaisait. Bon guerrier, bon Français, il n'en fallait pas davantage pour qu'il tînt jusqu'à la dernière extrémité, et quelques personnes allaient jusqu'à craindre qu'il ne fît sauter les forts plutôt que de se rendre.

Voici la convention telle qu'elle a paru :

CONVENTION pour l'évacuation de l'Egypte, par le corps de troupes de l'armée française et auxiliaires, aux ordres du général de division Belliard;

Conclue entre les citoyens Donzelot, général de brigade; Morand, général de brigade; Tareyre, chef de brigade, de la part du général de division Belliard;

Et monsieur le général de brigade Hope, de la part de son excellence le général en chef de l'armée anglaise; Osman-Bey, de la part de son altesse le suprême Visir; et Isaac-Bey, de la part de son altesse le Capitan pacha.

Les commissaires ci-dessus nommés s'étant réunis dans un lieu de conférence entre les deux armées, après l'échange de leurs pouvoirs respectifs , sont convenus des articles suivans :

ARTICLE I.er Les corps de l'armée française de terre et de mer, les troupes auxiliaires , aux ordres du général de division Belliard , évacueront la ville du Kaire, la citadelle , les forts, Boulac et Gyzéh , et toute la partie de l'Egypte qu'ils occupent dans ce moment.

II. Les corps de l'armée française et les troupes auxiliaires se retireront par terre à Rosette, en suivant la rive gauche du Nil, avec armes , bagages , artillerie de campagne , caissons et munitions, pour y être embarqués et de là être transportés dans les ports français de la Méditerranée, avec leurs armes, artillerie, caissons, munitions , bagages , effets , aux frais des puissances alliées. L'embarquement desdits corps de troupes françaises et auxiliaires devra se faire aussitôt qu'il sera possible de l'effectuer , mais au plus tard dans cinquante jours, à dater de la ratification de la présente convention. Il est d'ailleurs convenu que lesdits corps seront transportés dans lesdits ports du continent français par la voie la plus prompte et la plus directe.

III. A dater de la signature et ratification de la présente convention, les hostilités cesseront de part et d'autre; il sera remis aux armées alliées le fort Sulkowki et la porte des pyramides de la ville de Gyzéh. La ligne d'avant-postes des armées respectives sera déterminée par des commissaires nommés à cet effet; et il sera donné les ordres les plus précis pour qu'elle ne soit dépassée, afin d'éviter les rixes particulières; et s'il en survenait, elles seraient terminées à l'amiable.

IV. Douze jours après la ratification de la présente convention, la ville du Kaire, la citadelle, les forts et ville de Boulac seront évacués par les troupes françaises et auxiliaires, qui se retireront à Ibrahym-Bey, île de Raouddah et dépendances, le fort Lequoi et Gyzéh, d'où elles partiront le plutôt possible, et au plus tard dans cinq jours, pour se rendre au point de l'embarquement. Les généraux des armées anglaise et ottomane s'engagent en conséquence à faire fournir, à leurs frais, aux troupes françaises et auxiliaires les moyens de transport par eau , pour porter les bagages , vivres et effets au point de l'embarquement. Tous ces moyens de transport par eau seront mis le plutôt possible à la disposition des troupes françaises à Gyzéh.

V. Les journées de marche et les campemens du corps de l'armée française et des auxiliaires seront réglés par les généraux des armées respectives , ou par des officiers d'état - major nommés de part et d'autre ; mais il est clairement entendu que, suivant cet article, les journées de marche et de campemens seront fixées par les généraux des armées combinées. En conséquence, lesdits corps de troupes françaises et auxiliaires seront accompagnés dans leur marche par des commissaires anglais et ottomans , chargés de faire fournir les vivres nécessaires pendant la route et les séjours.

VI. Les bagages , munitions et autres objets voyageant par eau seront escortés par des détachemens français et par des chaloupes armées des puissances alliées.

VII. Il sera fourni aux troupes françaises et auxiliaires, et employés à leur suite, les subsistances militaires , à compter de leur départ de Gyzéh , jusqu'au moment de l'embarquement , conformément aux réglemens de l'armée française , et du jour de l'embarquement jusqu'au débarquement en France, conformément aux réglemens maritimes de l'Angleterre.

VIII. Il sera fourni par les commandans des troupes britanniques et ottomanes, tant de terre que de mer , les bâtimens nécessaires , bons et commodes , pour transporter dans les ports de France de la Méditerrannée les troupes françaises et auxiliaires , et tous les Français et autres employés à la suite de l'armée. Tout, à cet égard, ainsi que pour les vivres , sera réglé par des commissaires nommés à cet effet par le général de division Belliard , et par les commandans en chef des armées alliées, tant de terre que de mer. Aussitôt la ratification de la présente , ces commissaires se rendront à Rosette ou à Abou-Kyr , pour y faire préparer tout ce qui est nécessaire à l'embarquement.

IX. Les puissances alliées fourniront quatre bâtimens, et plus s'il est possible, préparés pour transporter des chevaux , les

futaillés pour l'eau, et les fourrages nécessaires jusqu'à leur débarquement.

X. Il sera fourni aux corps de l'armée
française et auxiliaire, par les puissances
alliées, une escorte de bâtimens de guerre
suffisante pour garantir leur sûreté, et assurer
leur retour en France. Lorsque les troupes
françaises seront embarquées, les puissances
alliées promettent et s'engagent à ce que,
jusqu'à leur arrivée sur le continent de la
République française, elles ne seront nul-
lement inquiétées ; comme de son côté le
général Belliard, et les corps de troupes sous
ses ordres, promettent de ne commettre aucune hostilité pendant ledit temps, ni contre
la flotte, ni contre les pays de sa majesté
britannique et de la sublime Porte ou de
leurs alliés. Les bâtimens qui transporteront
et escorteront lesdits corps de troupes, ou
autres Français, ne s'arrêteront à aucune
autre côte que celle de la France, à moins
d'une nécessité absolue. Les commandans
des troupes française, anglaise et ottomane
prennent réciproquement les mêmes enga-
gemens que ci-dessus, pour le tems que les

troupes françaises resteront sur le territoire de l'Egypte , depuis la ratification de la présente convention , jusqu'au moment de leur embarquement. Le général de division Belliard , commandant les troupes françaises et auxiliaires, de la part de son Gouvernement , promet que les bâtimens d'escorte et de transport ne seront point retenus dans les ports de France après l'entier débarquement des troupes, et que les capitaines pourront s'y procurer, à leur frais et de gré à gré , les vivres dont ils auront besoin pour leur retour Le général Belliard s'engage en outre , de la part de son Gouvernement, que lesdits bâtimens ne seront point inquiétés jusqu'à leur retour dans les ports des puissances alliées, pourvu qu'ils n'entreprennent , et ne servent à aucune opération militaire.

XI. Toutes les administrations , les membres de la commission des sciences et arts, et enfin tous les individus attachés au corps de l'armée française, jouiront des mêmes avantages que les militaires. Tous les membres desdites administrations et de la commission des sciences et arts emporteront en outre avec eux , non seulement tous les papiers qui regardent leur gestion, mais encore les papiers particuliers , ainsi que les autres objets qui les concernent.

XII. Tout habitant de l'Egypte, de quelque nation qu'il soit , qui voudra suivre l'armée française , sera libre de le faire, sans qu'après son départ sa famille soit inquiétée ni ses biens séquestrés.

XIII. Aucun habitant de l'Egypte , de quelque religion qu'il soit , ne pourra être inquiété , ni dans sa personne ni dans ses biens, pour les liaisons qu'il aurait eues avec les Français pendant leur occupation de l'Egypte , pourvu qu'ils se conforme aux lois du pays.

XIV. Les malades qui ne pourront pas supporter le transport, seront admis dans un hôpital où ils seront soignés par les officiers de santé et employés français, jusqu'à leur parfaite guérison ; alors ils seront envoyés en France les uns et les autres aux mêmes conditions que les corps de troupes. Les commandans des troupes des armées alliées s'engagent à faire fournir , sur des demandes en règle , tous les objets qui seront nécessaires à cet hôpital , sauf les avances à être remboursées par le gouvernement français.

XV. Au moment de la remise des villes et forts désignés dans la présente convention, il sera nommé des commissaires pour recevoir l'artillerie, les munitions, magasins, papiers, archives, plans, et autres effets publics que les Français laisseraient aux puissances alliées.

XVI. Il sera fourni aussitôt que possible, par le commandant des troupes de mer des puissances alliées, un aviso pour conduire à Toulon un officier et un commissaire des guerres, chargés de porter au Gouvernement français la présente convention.

XVII. Toutes les difficultés ou contestations qui pourraient s'élever sur l'exécution de la présente convention seront terminées à l'amiable par des commissaires nommés de part et d'autre.

XVIII. Aussitôt la ratification de la présente convention, tous les prisonniers anglais ou ottomans qui se trouvent au Kaire, seront mis en liberté, de même que les commandans et chefs des puissances alliées mettront en liberté les prisonniers français qui se trouvent dans leurs camps respectifs.

XIX. Un officier supérieur de l'armée anglaise, un officier supérieur de son altesse le suprême visir, et un de son altesse le capitan pacha, seront échangés contre des ôtages de pareil nombre et grades de troupes françaises, pour servir de garantie à l'exécution du présent traité. Aussitôt que le débarquement des troupes françaises sera effectué dans les ports de France, les ôtages seront réciproquement rendus.

XX. La présente convention sera, par un officier français, portée et communiquée au général en chef Menou, à Alexandrie, et il sera libre de l'accepter pour les troupes françaises et auxiliaires de terre et de mer qui se trouvent avec lui dans cette place, pourvu que son acceptation soit notifiée au général commandant les troupes anglaises devant Alexandrie, dans dix jours, à compter de celui où la communication lui en aura été faite.

XXI. La présente convention sera ratifiée par les commandans en chef des corps de troupes et armées respectives, vingt-quatre heures après la signature.

Fait quadruple au camp des conférences entre les deux armées, le 8 messidor an 9, à midi, ou 27 juin 1801, ou le 16 du mois de saffar 1216.

Signés Donzelot, général de brigade ; Morand, général de brigade ; Tareyre, chef de brigade ; John Hope, brigadier général ; Osman-Bey ; Isaac-Bey.

Approuvé, *signé* J. Hely Hutchinson, général en chef.

Approuvé de la part de lord Keit ; *signé* J.es Stivenson, capit.ne royal-navy.

Nous avons approuvé les articles de la présente convention pour l'évacuation de l'Egypte, et la remise à la Porte ottomane.

Signé Hhadjy Yousouf Zia, Visir.

Nous avons approuvé les articles de la présente convention pour l'évacuation de l'Egypte, et la remise à la Porte ottomane.

Signé Husseyn pacha, capoutan-déryâ.

Approuvé et ratifié la présente convention, le 9 messidor an 9 de la République française.

Le Général de Division, signé BELLIARD.

Quoiqu'on ne puisse se dissimuler que cette convention, faite dans des circonstances bien plus critiques que celle d'el-A'rych, vaut infiniment mieux, principalement en ce qu'elle offre plus de garantie et pour nous et pour les habitans, bien des personnes cependant l'ont vue paraître avec plus de peine que la première. C'est que les Français s'étaient déjà faits au pays dont ils commençaient à contracter les habitudes; c'est que chacun s'était tourné du côté de l'industrie; c'est que plusieurs avaient entrepris des établissemens considérables, quelques-uns même acquis des fonds de terre; c'est qu'enfin la colonie avait pris une activité dont l'accroissement devenait sensible de jour en jour : il n'y avait pas jusqu'au soldat qui ne se fût formé un petit ménage. Ajoutez à cela que nous avions gagné la confiance et l'amitié des habitans dont la majeure partie voient aujourd'hui notre départ avec regret.

Nous pensons tous que le général en chef apprendra cette convention avec peine, pour ne rien dire de plus, et que, bien loin de l'accepter, il la rejettera avec dé·

dain ; mais nous pensons aussi q   noins
d'un prompt secours, il lui sera   ble
maintenant de résister aux forces ré   des
deux armées. L'eau, d'ailleurs, lui manquera
nécessairement tôt ou tard ; car les Anglais
ont coupé la digue du canal qui conduisait
à Alexandrie les eaux du Nil, et celles de
la mer se sont jetées, par cette ouverture,
du lac Madyéh dans l'intérieur des terres,
et ont rempli celui connu autrefois sous le
nom de lac Maréotis ; de sorte qu'on peut
regarder aujourd'hui la ville d'Alexandrie
comme entourée des eaux de la mer.

Notre premier soin, après la ratification,
fut d'envoyer aux Anglais des vivres dont
ils avaient extrêmement besoin : aussi leur
doit-on la justice de dire qu'ils ont souscrit
à toutes nos demandes. Il semble qu'ils ne
faisaient tous qu'un vœu, celui de nous savoir loin des terres d'Egypte.

On avait déjà commencé à évacuer la citadelle, lorsque le commandant Dupas a
fait fermer les portes, avec défense de ne
rien laisser sortir. Il s'était décidé, d'après
une lettre du général Menou, à défendre
jusqu'à la dernière extrémité cette forteresse

qui lui ~~fut~~ confiée ; mais il a été mandé par le général Belliard qui, dit-on, l'a engagé à laisser continuer l'évacuation , s'il ne voulait pas avoir un successeur provisoire.

Les gens du pays n'offrent rien ou presque rien des meubles , et beaucoup de Français les brûlent ou les brisent plutôt que de les céder à si bas prix. J'ai pensé qu'il ne m'en reviendrait pas davantage en imitant cet exemple : j'ai donc laissé les miens en place , et me suis transporté, le 19 messidor , à Gyzéh où j'ai couché dès le premier jour dans la barque que je devais monter , parce que tous les logemens étaient déjà pris dans cette petite ville.

Nous en sommes tous partis le 25 ; et ceux qui étaient en obervation pour l'épidémie avaient déjà pris le devant dans des barques séparées du grand convoi. Heureusement nous n'entendons plus parler d'accidens de ce genre ; mais il meurt beaucoup de monde de la dysenterie.

Nous ne faisons qu'environ quatre lieues par jour , et l'on séjourne au troisième , à cause de la troupe qui va par terre. Je commence à me trouver un peu mieux ; mais

j'ai

j'ai encore été affligé d'une nouvelle ophtalmie, plus forte, mais bien moins longue
que les précédentes. Le mal, contre l'ordinaire, s'est montré presque subitement au
plus haut point d'intensité, et à la seconde
et troisième nuit, j'ai déchiré, de rage,
plusieurs mouchoirs. Il m'eût été impossible
d'y tenir plus long-temps, on eût dit du
gravier brûlant qui roulait dans mes yeux :
heureusement la violence du mal a diminué
au quatrième jour, et je n'ai pas tardé
à guérir. Je présume que je me suis attiré
cet accident en me lavant la figure et les
yeux dans l'eau du Nil, qui est extrêmement sale pendant l'inondation.

Beaucoup de soldats s'étaient déjà battus à
Gyzéh, à la suite de disputes pour ou contre
l'évacuation. Pendant près de trois semaines
que nous avons été à descendre le Nil, on
dit qu'il en est déserté plusieurs chaque
nuit, pour passer au service des Mamlouks;
et l'on en fait même le nombre assez considérable.

A une lieue au dessus de Rosette, l'armée a pris le désert pour se rendre à Abou-
Kyr, lieu de l'embarquement. Mon indis-

position m'a forcé de continuer mon voyage sur le Nil ; et comme la violence du vent avait rendu le passage du Boghaz extrêmement périlleux, j'ai resté deux jours à Rosette, en attendant le calme. Cette ville est située sur la rive gauche du fleuve, et je la crois la plus jolie de l'Egypte. Il y avait garnison anglaise et beaucoup d'Osmanlis. Les Anglais sont très-bien tenus, et je puis même ajouter très-honnêtes ; mais les Osmanlis ressemblent bien plutôt à une bande de voleurs qu'à une troupe réglée. Nulle uniformité ni dans les armes ni dans l'habillement ; et ceux qui ont vu *Robert, chef de brigands*, seraient encore loin d'en avoir une idée complette. Je n'ai pourtant pas eu lieu de m'en plaindre, quoique je me sois promené seul dans les rues de Rosette ; mais j'ai eu lieu de me convaincre que ces braves gens étaient dans la persuasion que nous irions rendre hommage aux bagnes de Constantinople.

C'est à Rosette que j'ai appris la fin déplorable, dans la ville du Kaire, de toutes les femmes qui avaient eu des relations avec les Français ; quelques-uns de ceux-ci, qui y avaient resté après l'évacuation , pour continuer leur commerce , ont péri victimes de l'appât du gain. Plusieurs individus du pays ont été également massacrés , malgré la protection et la bonne volonté des Anglais. Les barbares ont poussé la vengeance jusqu'au délire , en détruisant tout ce que nous avions fait d'utile ou d'agréable : les belles plantations d'arbres dont nous avions orné la grande place du Kaire et autres lieux , ont toutes été arrachées. Je n'ai pu savoir d'autres détails.

Qu'il en coûte cependant de s'exiler de sa patrie et de sa famille ! Malgré ces évènemens , parmi les gens du pays qui s'étaient déterminés à nous suivre , un grand nombre a resté à Rosette.

Le second jour , le vent s'étant calmé , nous nous sommes approchés du Boghaz , pour le passer à la pointe du jour suivant. Au lever de l'aurore , nous sommes descendus un instant pour l'examiner du rivage , dont il est distant d'environ un grand quart de lieue ; et l'élévation des flots de la mer nous a paru en cet endroit comme un mur qu'il est impossible de franchir. Les récifs et les bancs de sable, le confluent du Nil et la résistance de la mer forment cette barre redoutable où il périt du monde chaque année : les Anglais, dont l'orgueil maritime a dédaigné les pilotes côtiers en ont fait la triste expérience. La branche de Damiette offre la même difficulté.

Les gens du pays et les Français qui avaient déjà vu le Boghaz jugèrent que la passe était encore très-mauvaise. Nous demandâmes au patron qui nous conduisait s'il voulait tenter le passage ; il nous répondit qu'il verrait, et il avance en même temps. Tandis que nous étions dans la persuasion qu'il ne faisait cette démarche que pour examiner de plus près, nous nous vîmes tout à coup au milieu de ces montagnes mobiles de flots. Le bas - fond se découvrit une fois à nos yeux ; mais une masse d'eau vint fort à propos nous empêcher de toucher. Au bout d'un quart d'heure nous fûmes hors de danger, et la mer n'offrait par tout ailleurs qu'une surface tranquille.

Une djerme grecque qui nous précédait faillit d'y périr ; elle était partie une grosse demi-heure avant nous, et elle ne venait que de se dégager, quand nous passâmes : elle faisait eau. Les autres qui nous suivaient revirèrent de bord, et attendirent au lendemain.

Arrivés à la rade d'Abou-Kyr où mouillait le convoi qui devait nous prendre, nous errâmes pendant trois jours sur mer, sans pouvoir nous embarquer : c'était une confusion épouvantable. Les commissaires français, préposés à l'embarquement avaient commencé par s'installer les premiers, se confiant sur le reste à la garde de Dieu. Cependant, nous manquions d'eau, et le patron qui n'était plus sous notre dépendance, fatigué, d'ailleurs, de courir de vaisseau en vaisseau, voulait absolument s'en retourner : nous fûmes obligés, pour le retenir, de recourir à l'autorité des Anglais. Ce qui me peinait sur-tout, c'était la position de madame Galbaud, femme respectable à qui l'épidémie du Kaire avait enlevé son époux, et dont l'âge, les vertus et les malheurs devaient intéresser toute ame sensible. Le bâtiment qui nous avait d'abord été désigné, avait pris une nouvelle

destination. On nous en donna successivement d'autres où nous fûmes refusés, sous
prétexte qu'il y avait déjà trop de monde.
Il ne faut pas croire que nous fussions seuls
dans ce cas ; une quantité considérable de
Français, principalement du civil, se trouvait dans le même embarras, et il en est
qui coururent la mer pendant cinq jours et
cinq nuits.

Le 20 thermidor, nous nous embarquâmes
enfin sur *le Castor London*, joli vaisseau de
la compagnie des Indes, mais avec toutes
les peines du monde, malgré les ordres
positifs que nous avions ; et je vis le moment où l'on allait se couper la gorge
avec quelques officiers du génie, car le
capitaine du vaisseau n'y paraissait pas du
tout le maître. Il est vrai qu'à en juger par
sa politesse et ses égards il ne le méritait
guère ; et je crois que s'il l'eût été, nous
n'en eussions retiré que le seul et triste
avantage de voir ces messieurs aussi mal
que nous.

Nous étions sûrs de partir, mais nous
n'avions point de gîte : nous fûmes donc
obligés de coucher sur le pont, ainsi qu'une

quarantaine de personnes du civil, hommes, femmes, enfans, femmes enceintes, nourrices. On nous avait, en outre, enlevé nos provisions dès notre entrée, de sorte que nous avions pour toute nourriture la ration anglaise, la même pour tous, c'est-à-dire du biscuit rongé par les vers, du lard cuit à l'eau de mer, du potage au riz, cuit de la même manière et sans autre préparation, de la mauvaise farine, environ une demi-bouteille de vin , et une pinte d'eau. Ma santé ne me permettant pas ce régime, j'ai vécu de soupe, et c'est peut-être ce qui m'a sauvé.

Nous quittâmes la rade d'Abou-Kyr le 22, mais un coup de vent nous ayant rejetés sur la côte , nous mouillâmes encore trois jours en face du Boghaz : les eaux du Nil troublaient en cet endroit celles de la mer, quoique nous fussions au moins à deux lieues de l'embouchure de la branche de Rosette. Le 25 , nous levâmes l'ancre pour la seconde fois. Le capitaine nous fit alors signifier , que si l'on couchait sur le pont , il ne répondait point de la manœuvre ; d'un autre côté, le commandant français , ou plutôt

le citoyen M...s, commandant en second,
qui voulait avoir l'air de tout faire, et qui se
chargeait volontiers de ces odieuses commissions, nous dit qu'il n'avait pas de place à nous
donner. Il est certain cependant que nous
devions être embarqués au nombre de trois
cens trente sur *le Castor*, et que nous étions
tout au plus trois cens; mais c'est que les
places avaient été largement distribuées
pour les premiers arrivés. Quel parti
prendre ? Nous ne pouvions plus faire de
réclamations, et nous ne pouvions pas non
plus nous tenir en l'air : nous fîmes si bien
les uns par résistance, les autres par ruse,
qu'on nous toléra debout ; et nous profitions
de l'instant où nos tigres dormaient, pour
nous livrer au repos. Notre mauvaise fortune
voulut encore que le calme et les vents contraires nous retinssent long-temps en mer ;
et ce n'est qu'après bien des vexations et des
contrariétés que nous arrivâmes à Malte,
le 27 fructidor : depuis trois jours on ne
faisait plus de soupe, faute d'eau et de
bois.

Les compagnons de la pauv. eté paraissaient seuls prospérer ; on les voyait, dodus

et nombreux, se promener de tout côté sur le pont.

Nous n'eûmes dans notre bâtiment aucun accident de peste pendant cette traversée ; mais la dysenterie nous enleva quatre ou cinq personnes, et nous n'avions ni pharmacie ni chirurgien. Un vaisseau que nous rencontrâmes en route nous en fit passer un de troisième classe, quelques jours avant notre arrivée dans cette ville.

Nous n'avions pas encore quitté Malte, que nous apprîmes la reddition d'Alexandrie. Après avoir fait nos provisions, nous en appareillâmes le 6 vendémiaire de l'an dix ; fûmes un peu moins tourmentés dans cette seconde traversée, et arrivâmes à Toulon le 17. On devine aisément le plaisir que nous éprouvâmes en revoyant notre patrie; nous ne pouvions nous rassasier de contempler cette terre natale, et la nouvelle des préliminaires de paix avec l'Angleterre redoubla l'alégresse commune.

Cependant, nous n'étions pas encore à notre destination ; elle était pour Marseille, et nous ne l'apprîmes que lorsque nous fûmes entrés dans le port : les vents contraires nous y retinrent trois jours. Enfin, nous en partîmes le 20 ; arrivâmes à la rade de Marseille le 21 ; en repartîmes pour le petit port de Pomègues le 24 ; débarquâmes à la quarantaine le 5 brumaire, et en sortîmes le 22 : nous crûmes alors être dans un nouveau monde.

Chose étrange ! On nous déclara que nos appointemens cessaient de courir le même jour, 22 brumaire ; et, par la plus criante des injustices, je fus forcé de rester un mois à Marseille, où les vivres étaient d'un prix exhorbitant, pour attendre le paiement de mon arriéré, partie en bons, partie en numéraire, et de me rendre ensuite à mes frais, dans le cœur de l'hiver, à Paris.

Fin du Voyage.

NOTICE

SUR L'ÉCONOMIE POLITIQUE

DE L'ÉGYPTE (1).

L'Egypte est sans contredit un des pays les mieux situés que l'on connaisse sous les rapports commerciaux ; il est encore de la dernière importance sous ceux de l'agriculture. Placée , pour ainsi dire , entre l'Europe, l'Asie et l'Afrique , cette contrée est , par sa communication avec la mer Rouge et la Méditerrannée , l'entrepôt naturel des productions territoriales et industrielles de l'ancien continent ; et la fécondité du Nil, y entretient une végé-

(1) Cet essai devait paraître dans le quatrième volume de la *Décade Egyptienne*, que les évènemens subséquens ne permirent pas d'imprimer. Quoique les temps ne soient plus les mêmes , je n'ai pas cru devoir y faire le moindre changement , et je prie le lecteur de ne pas perdre de vue un instant cette remarque.

tation continuelle sous un ciel toujours serein. Pourquoi faut-il que ce soit à cette heureuse position et à cette extrême fertilité, qu'elle ait le malheur de devoir les fers que ses habitans portent sans interruption depuis tant de siècles ? Il n'est point de nation conquérante qui ne l'ait asservie ; et il semble que ce doive être tour à tour l'appanage de toutes celles que le temps et la valeur élèvent éminemment au dessus des autres.

La nation française qui n'a point moins étonné l'Europe par la rapidité de ses conquêtes, que par une révolution jusqu'à présent sans exemple, vient aussi de faire retentir le bruit de ses armes victorieuses sur les terres de l'Afrique et de l'Asie. Le héros à qui la France a confié ses plus brillantes destinées, fut chargé de l'importante expédition d'Egypte, comme si le sort, d'ailleurs si inconstant, se fût fait une loi invariable de faire passer cette contrée célèbre aux mains triomphantes de ces hommes extraordinaires que les siècles enfantent de temps à autre. Bonaparte, à la tête d'une armée invincible, suivi d'une foule de héros, fond sur l'Egypte comme un éclair, et l'Egypte est conquise. Déserts arides et brûlans, famine, soif, brigandage des Arabes, fureur des Mamlouks, rien n'arrête cette armée infatigable, accoutumée à la victoire; rien ne peut ébranler son chef intrépide : son génie supérieur surmonte tous les obstacles, et arrache en un instant cette contrée si fameuse et si fertile, à une nation qui fut aussi un colosse de grandeur, mais dont la puissance cè le aussi à son tour aux mains destructrices du temps.

J'ai lu quelque part, ou j'ai entendu dire, qu'il était plus difficile de conserver l'Egypte que de la conquérir. Il ne m'appartient point de décider cette question, et je le laisse aux gens de l'art, qui certainement établiront toujours une différence entre le Saïd et le Delta. Mais s'il est permis de s'appuyer sur l'expérience, les faits parlent hautement : il n'est point de nation conquérante qui, après avoir subjugué ce pays, ne l'ait souvent gardé plusieurs siècles. Si la valeur connue des Français ne devait faire une exception honorable, je citerais encore les attaques sans nombre que nous avons eues à repousser depuis deux ans et demi que nous en sommes les maîtres, attaques où l'ennemi n'a toujours trouvé que la honte ou la mort.

Sans prétendre anticiper en rien sur les vastes vues du héros en qui la République a mis ses plus chers intérêts, il est à présumer que si la France, pour donner la paix au monde, veut bien renoncer à la possession de l'Egypte, elle fera du moins tous ses efforts pour la transmettre au prince qui nous l'a disputée avec tant de bravoure, et qui par la suite est devenu notre ami, notre allié fidèle. Mourad-Bey s'unit à nous dans des temps très-orageux, bien moins par nécessité, que par cette sympathie assez naturelle entre gens de cœur, lorsque l'ambition se tait : ce vaillant guerrier, sans cesse aux prises avec nos phalanges républicaines, avait long - temps admiré nos exploits ; notre bonne foi et nos procédés envers des ennemis qui ne s'en piquaient guère, l'entraînèrent entièrement à nous et il voulut porter lui - même le nom de *Sultan français*. Il n'y a point de doute qu'avec un tel allié notre commerce ne devînt prépondérant dans cette contrée, et les deux nations y trouveraient un avantage réciproque. Le gouvernement d'un seul serait, au reste, bien plus profitable à l'Egypte, que la république des Mamlouks, si toutefois on peut donner un tel nom à ce gouvernement informe. Quant à un régime fondé sur les droits connus et reçus en France, il me paraît absolument impossible sous tous les rapports.

Mais si nous conservons cette précieuse conquête, il faudra pourtant bien rappeler aux Egyptiens, qu'ils sont des hommes, des hommes vivant en société ; et certes, c'est et ce doit être le but de la nation française : la justice, l'humanité et la politique le réclament également. On ne peut cependant se dissimuler que ce grand acte exige du temps et des précautions : la liberté, ce don précieux de la nature, est un aliment trop fort, indigeste, pour des hommes énervés par la mollesse, abrutis dans les fers ; ce régime, d'ailleurs si salutaire, a été souvent nuisible aux nations pour n'avoir pas été administré à propos. Ceci me rappelle ces peuples de la Cappadoce qui supplièrent instamment les Romains de leur donner un roi, parce que la liberté leur était insupportable : l'homme libre en rougit, le philosophe en a encore pitié.

Je ne doute point que les Egyptiens, livrés à eux-mêmes, ne se trouvassent dans le même cas : il existe en outre, parmi eux un autre obstacle bien plus redoutable à la liberté ; c'est cette diversité de religions, et cette foule de sectes plus fanatiques les unes que les autres. Il faut donc conduire ces hommes comme par la main et par degrés ; il faut qu'ils sachent que la société, pour maintenir les droits de tous, est obligée de restreindre jusqu'à un certain point, les droits de chacun, et que le bien général des sociétaires exige également de tous des devoirs indispensables à remplir ; il faut sur-tout qu'ils se pénètrent bien de cette vérité si claire et pourtant si méconnue, qu'on ne peut commander aux consciences, que chacun peut adorer la divinité comme il lui paraît meilleur, et qu'enfin son salut est son affaire propre. et non celle des autres.

Pour

Pour arriver à ces heureux résultats, on sent qu'il faut une instruction bien dirigée et ce n'est pas l'affaire d'un moment : mais; il est encore des moyens préparatoires qu'on a trop négligés ; c'est la communication des idées. Si la connaissance de quelques évènemens extraordinaires ne faisait trouver une excuse à cette négligence, il serait difficile d'expliquer pourquoi nous n'avons eu jusqu'ici ni un bon vocabulaire arabe et français, ni les premiers élémens d'une grammaire en ces deux langues. Le général Cafarelli, toujours ardent pour le bien de la chose publique, en avait senti la nécessité , et il fit travailler à l'impression d'un vocabulaire, dès que l'imprimerie nationale fut en activité ; mais la célérité qu'on mit à sa rédaction ne permit pas à ses auteurs d'y mettre toute l'étendue et l'exactitude nécessaire. Le général Cafarelli était déjà parti pour la Syrie où la patrie eut le malheur de le perdre au siége d'Acre : ce brave et vertueux citoyen n'eût pas abandonné un projet qui aurait si bien rempli les vues du gouvernement , et qui depuis a resté dans l'oubli.

En effet, les avantages qui en devaient résulter sont incalculables. La connaissance de la langue du pays eût d'abord évité bien des rixes qui ne surviennent souvent que par défaut de s'entendre, et qui, telles légères qu'elles soient, laissent toujours après elles un levain d'aigreur dans les esprits. Le Français se fût ensuite identifié, pour ainsi dire, avec les naturels ; il eût dans des conversations, mieux saisi les mœurs, les usages de ces peuples, leur caractère, leur esprit d'industrie, et une foule de particularités qui portent quelquefois la lumière dans la nuit profonde des temps ; il leur eût fait aimer aussi les arts de l'Europe ; il eût répandu goutte à goutte sur ces esprits à demi-sauvages, les douces rosées d'une saine philosophie qui eût insensiblement extirpé ce fanatisme intolérant, si contraire au bon ordre, à la prospérité et à la force des états : le temps et l'instruction auraient fait le reste. Il n'y a point de doute qu'un des premiers soins du gouvernement français sera d'établir des gymnases et des écoles publiques pour former la jeunesse égyptienne, dans le cas où la paix laisserait cette contrée sous notre domination : mais quand nous viendrions à l'abandonner , le bien que nous aurons déjà fait ne sera pas moins un objet de reconnaissance de la part de ce peuple , et les hommes justes béniront notre mémoire.

Les diverses nations qui composent le peuple d'Egypte , ne sont pas également susceptibles de civilisation.

Les Grecs sont sans contredit ceux qui goûteraient plus facilement nos formes administratives, et qui se rapprocheraient plus volontiers de nos usages. Il n'a sûrement pas échappé aux observateurs, combien il se trouve d'analogie entre le caractère de cette nation et le nôtre. Le souvenir de leur antique gloire et de leur liberté serait encore un puissant mobile ; et dans diverses circonstances où ils ont combattu à nos côtés , ils ont prouvé qu'ils n'étaient pas insensibles à la gloire , ni étrangers aux vertus militaires (1).

____

(1) Dans les deux révoltes du Kaire principalement ils se sont montrés avec courage , et l'on dit qu'ils se sont fait hacher dans l'attaque du camp de César.

La nation juive, plus lente dans ses progrès, mériterait peut-être plus de confiance par sa fermeté et sa vigueur, une fois qu'elle aurait adopté des idées saines de gouvernement. On se rappelle avec quelle énergie et quelle opiniâtreté, ce peuple autrefois si guerrier, défendit ses droits contre des ennemis puissans, et les repoussa souvent avec avantage ; on se rappelle aussi quel parti en surent tirer pour le commerce, les deux premiers Ptolomée, princes dont le modèle n'est pas à négliger sous ce rapport. L'unité de Dieu, que les Juifs professent, se rapproche plus aussi de nos idées morales et religieuses ; et le temps, l'instruction et sur-tout l'exemple déracineraient insensiblement le ridicule qui peut se trouver dans les accessoires.

Mais les hommes dont on tirerait le plus grand parti pour former un bon gouvernement, ce sont les Arabes, si l'on pouvait parvenir à les fixer. Plus près de la nature, sobres, guerriers, passionnés pour la liberté, ils pourraient ressusciter les jours de Lacedémone, et même sous un plus beau point de vue, dès qu'ils auraient bien connu le droit des gens, les vraies notions du juste et de l'injuste. Il serait difficile, il est vrai, de les arracher à cette vie errante qui fait la base de leur liberté, et où ils ne laissent pas que de trouver le bonheur ; mais on pourrait les attirer, et ce n'est pas sans exemple, par l'appât de quelques terres qu'on leur abandonnerait à bas prix ou sous une certaine redevance. La culture et la population y gagneraient, et nous trouverions un ample dédommagement dans cette politique condescendance.

Les Cobtes qui sont des naturels du pays, ne sont pas moins intéressés que les deux premières classes à unir leur sort au nôtre, et ce sont eux cependant qu'on aura plus de peine à civiliser. Fiers et rampans à la fois, superstitieux à l'excès, ils méprisent nos usages, et détestent nos maximes. L'expérience jusqu'ici ne parle pas beaucoup en faveur de leur courage, et si nous parvenons à les agguerrir, nous aurons presque fait un miracle (1). Il est possible que le

____

(1) Après le siège du Kaire, on avait levé des ba-
... Coptes, qu'on exerçait tous les jours, et qu'on

fanatisme leur eût donné plus de cœur ; mais cette ressource est contraire à nos principes, et souffre d'ailleurs des inconvéniens. Espérons pourtant que l'exemple du passé, et le motif puissant de leur propre conservation, leur apprendront du moins à se défendre, et qu'en combattant à cô:é de nos braves, ils seront forcés de vaincre ; mais de long-temps n'espérons rien de leur civilisation.

Quant à la partie militaire, au reste, je crois que c'est dans les nègres qu'on trouverait des avantages et plus prompts et plus sûrs. Je ne parle pas de ceux qui par leur séjour en Egypte en ont déjà contracté les habitudes et les préjugés, mais de ceux que les caravanes amènent annuellement. Eloignés de leur patrie, à peine sortis des mains de la nature, ils adopteraient plus facilement nos usages, et l'on remarque dans ceux qui vivent parmi nous, cette même vivacité française qui en présage les vertus

---

avait habillés à l'européenne Ces bataillons nous ont suivis en France ; mais il y a eu beaucoup de déserteurs pendant l'évacuation. On en a vu à la citadelle quitter leur poste pendant la nuit.

militaires. Ces hommes, devenus guerriers et policés, pourraient un jour civiliser leur patrie, et la République française trouverait sans doute dans leur reconnaissance de nouvelles sources de prospérités.

La nation la plus nombreuse, connue sous le nom de Musulmans, et formée d'Arabes, de Turks, et, en grande partie, d'indigènes que la force des armes, la nouveauté ou l'ambition ont fait passer sous les étendards de Mahomet, ne répugne pas moins que les Cobtes à nos usages, et elle doit encore, par esprit de religion, naturellement se défier de nous. Les guerres sanglantes que nos ancêtres ont portées dans leurs foyers, pour des opinions religieuses, ont laissé des haines invétérées qu'on aura de la peine à éteindre ; et ils seront long-temps en garde contre nos principes, malgré nos promesses et notre bonne foi. Mais enfin nos procédés généreux les rassureront peu à peu ; quelques-uns goûtent déjà la modération de notre gouvernement : espérons que leur exemple sera insensiblement suivi. Pour les rapprocher de nous, on peut même se servir avec avantage de l'attachement qu'ils ont à leur religion. L'hommage qu'ils rendent à un Dieu unique, et la vénération dont ils sont pénétrés pour leur législateur, ne sont point contraires à nos principes politiques. En approuvant ces deux points, il ne paraît donc pas impossible, avec quelques ménagemens, de rectifier leurs idées sur le reste, comme pour les ramener à la pureté primitive de leur religion, d'autant plus que dans ce culte, ainsi que dans les autres, les prêtres et les docteurs ont mis souvent leurs intérêts ou leurs passions à la place de l'esprit de la loi. Mais, de même que des Cobtes, nous aurons à attendre long-temps les fruits de leur civilisation. Ils ont trop de préventions pour leurs mœurs et leurs usages, trop de morgue et d'ignorance, pour vouloir s'éclairer sur ce qu'ils ont de défectueux; et leur funeste préjugé de croire que le koran contient la science universelle, sera d'un grand obstacle à leur instruction.

Dans le cas où nous conserverions cette importante colonie, il serait nécessaire d'envoyer en France, pour s'y instruire, un certain nombre de jeunes gens des pre-

mières familles ; la politique y trouverait
son compte , et ce serait un des meilleurs
moyens de civilisation : cet expédient ne
serait pas non plus à négliger pour la jeunesse cobte. On n'est pas , au reste , à remarquer que les enfans se font assez à nos
manières , et se plaisent même à nous
imiter. Les préjugés ne sont pas encore
enracinés dans ces jeunes cœurs, et c'est sur
eux principalement que la philosophie (1)
doit fonder se espérances.

Je ne parle point des autres classes ,

____

(1) Je demande bien pardon à certaine classe de
lecteurs , si je parle si souvent de *philosophie* , mais je
ne connais pas d'autre mot propre. J'ai écrit cela dans
un temps où l'on pouvait en parler sans s'exposer au
ridicule , et dans un pays où il y avait des Français ,
comme il y en a encore ici , qui, ne confondant point
la chose avec l'abus , pensaient que la philosophie et
la religion étaient deux sœurs inséparables qui se
prêtaient un mutuel appui. Ces Français sont des
hommes qui ne changent point de principes comme
de modes , et qui n'approuvaient pas davantage les
virulentes déclamations de 93 sur la religion , que
les ridicules sarcasmes d'aujourd'hui contre la philosophie.

comme les Arméniens , les Syriens et les
Francs. Elles sont peu considérables , et loin
de se refuser à l'impulsion générale , la
plupart d'entr'eux s'y prêteraient volontiers,
et pourraient même la seconder.

On sent bien que ce n'est ici qu'un simple
apperçu , et que pour connaître à fond les
mœurs et les usages d'une nation , il faut en
suivre pas à pas les individus, observer
leurs habitudes , leurs penchans , leurs dispositions , étudier leur caractère dans une
foule de détails , en distinguer ce qui est
national de ce qui leur est propre , et discerner avec précision l'influence réciproque,
directe ou indirecte , de l'un sur l'autre ;
toutes choses qui demandent une sorte d'in-
timité et une connaissance approfondie de
la langue ; car les interprètes ne peuvent
être d'aucun secours pour cela , à moins
qu'ils ne soient eux-mêmes d'éclairés observateurs , ce qui n'est guère possible : le génie
abandonne à la mémoire et à une sorte
d'esprit , ceux qui se livrent entièrement au
mécanisme des langues.

L'agriculture et le commerce sont naturellement les deux grandes branches des

richesses de l'Egypte ; les arts et métiers n'y seront long-temps qu'accessoires , et peut-être toujours : tant que l'Europe ne dégénérera point , les autres parties du monde seront ses tributaires à cet égard· D'ailleurs , le sol de l'Egypte s'oppose à l'accroissement de cette troisième branche qui enleverait trop de bras à l'agriculture : elle en manque depuis long-temps ; et c'est elle seule qui peut ramener la population dont elle est la véritable mère. Puis , il est nécessaire que cette contrée soit d'un grand débouché à l'industrie française , non seulement pour l'usage de ses habitans , mais encore pour faire refluer notre main-d'œuvre , et dans l'intérieur de l'Afrique , et jusqu'au fond de l'Asie. Tous les efforts du Gouvernement doivent donc tendre principalement à la prospérité du commerce et de l'agriculture de ce pays.

Les circonstances où nous nous trouvons ne permettent guère de donner au commerce les grands développemens dont il est susceptible , en exécutant des travaux qui en facilitent, accélèrent et multiplient la circulation. Projets vraiment sublimes , dignes de la République française, et dont les résultats seront bien plus utiles à l'humanité que ces fameuses pyramides qui n'attestent aux yeux du philosophe que le stupide orgueil de tyrans fastueux, et la triste humiliation d'un peuple opprimé.

Mais, en attendant l'exécution de cette vaste entreprise qui va donner un élan général au commerce de l'Orient, l'on pouvait déjà employer les moyens moraux; et c'est ce qu'a fait avec tant d'avantage le général en chef Menou. Par des réglemens sages et fermes, ce guerrier législateur a su donner au commerce de l'Egypte une sécurité jusqu'alors inconnue dans ces climats, et le tirer ainsi de cet engourdissement où le tenait une éternelle anxiété, suite inévitable d'un gouvernement arbitraire et spoliateur. De si salutaires dispositions préparent de loin cette branche vivifiante de l'état à son aggrandissement futur, et nous commençons à en ressentir les heureux effets, autant qu'on pouvait humainement l'attendre des conjonctures présentes.

Quant à l'agriculture, rien ne nous empêche de lui donner toute l'amélioration dont elle est susceptible ; et j'ose dire qu'on l'a peut-être trop négligée jusqu'à présent. De quel prix n'est pourtant pas cette terre admirable qui fut jadis le grenier des Romains, et qui serait à la France, d'un grand secours dans des temps de disette ? Le citoyen Nectoux a lu à l'Institut, au commencement de l'an 6, un excellent apperçu sur cette branche précieuse. Son projet abonde en vues grándes et saines, et qui annoncent un homme exercé dans cette partie. Il voulait principalement qu'on formât un établissement national d'agriculture qui servît de base, et donnât l'impulsion aux entreprises particulières, et il desirait qu'on choisit des colons dont la théorie et la pratique en pussent garantir le succès. Je veux bien croire que les temps n'ont pas été assez opportuns pour mettre ce projet à entière exécution ; mais il est des parties qu'on pouvait améliorer, et il ne fallait pas dégoûter les acquéreurs de domaines nationaux par des prix exhorbitans, au point que les Français préféraient acheter des particuliers. Qu'en est-il résulté ? Ces domaines sont

tombés dans un abandon et un dépérisse-
ment pitoyable, et n'ont pas même rapporté
la valeur des impositions. Il eût donc bien
mieux valu les vendre à un prix plus modéré et avec des facilités pour les paiemens ;
le fisc y aurait gagné, et un plus grand
nombre de Français se seraient attachés au
sort de la colonie ; et si l'on venait à l'a-
bandonner, les traces que nous aurions lais-
sées de notre industrie parleraient bien plus
au cœur des Egyptiens, que toutes les fouilles
que nous avons pu faire, pour trouver de
vieilles médailles ou des oiseaux embaumés.

Ce n'est pas que je prétende improuver
ces sortes de recherches ; elles amènent
quelquefois à des découvertes qui redressent
des erreurs ou tirent de l'obscurité certains
points inconnus de l'histoire, je veux seulement dire que ces savantes excursions doivent être subordonnées et partielles, et
qu'elles supposent un état déjà florissant,
parce qu'il faut nourrir, soutenir le corps
social, avant de songer à l'embellir. Or, ce
goût qui demande tant de connaissances et
un tact exercé, avait tellement gagné les
esprits, il y a quelque temps, qu'on ne ré-

vait plus que tombeaux, momies, médailles,
inscriptions et cailloux : toutes les facultés
étaient comme absorbées dans ce centre
commun.

Rien de plus sage que l'arrêté qui créa
deux commissions pour l'examen des monumens et autres antiquités de la haute
Egypte : rien alors ne pouvait être perdu
pour l'histoire ; car la réunion des lumières
d'une part, et la diversité des intérêts de
l'autre, lui assuraient la possession de chaque découverte. Au lieu qu'entre les mains
de l'égoïste et de l'ignorant c'était une perte,
et une perte souvent irréparable.

L'exemple de quelques chefs supérieurs,
le départ présumé prochain de l'Egypte, et
l'aiguillon de la curiosité, assez naturel à
l'égard d'un pays qui fut jadis si fameux,
enfantèrent cet enthousiasme général qui
aura produit sans doute quelque bien, mais
dont on n'a pas encore précisé les avantageux résultats. Aujourd'hui les choses sont
rentrées dans leur équilibre ; les arts et les
scienc   ont repris chacun sa pente naturelle,
et les facultés industrielles se sont développées : les regards commencent même à se

tourner du côté de l'agriculture, et le général Menou a eu encore la gloire de donner cette heureuse impulsion par l'établissement d'un jardin national d'où, comme
d'une source abondante, vont bientôt dé-
river tous les canaux de cette branche trop
long-temps négligée sur un sol qui la réclame comme son patrimoine. C'est alors,
vraiment, pour rappeler le mot de Raynal
sur les productions de Saint-Domingue,
que nous trouverons des mines d'or sur la
surface de ce sol précieux, et le Nil superbe
ne murmurera plus de porter vainement la
fécondité dans son sein.

Il ne nous reste rien à desirer sur la connaissance topographique de ce pays ; par les
soins, l'activité et l'intelligence des ingénieurs civils et militaires, et sur-tout des ingénieurs géographes et autres savans distingués, il n'est aucun point de cette terre, jusqu'ici non moins inconnue que célèbre, où
l'on ne sache le bien qu'il y a à faire, le mal
qu'il y a à réparer. Je voudrais seulement
qu'on donnât un peu plus d'attention aux
travaux ordonnés, et que les entrepreneurs
songeassent un peu moins à leurs avantages
particuliers

particuliers , au détriment de la chose publique.

Mais un bien plus cher à l'humanité , c'est l'inappréciable résultat des intéressantes recherches des médecins de l'armée , à la recommandation du médecin en chef. Le zèle de ses collègues a parfaitement répondu à son attente : non seulement toutes les maladies endémiques , leurs causes , leurs progrès ont été discutés , analysés avec la plus grande sagacité , et les moyens préservatifs ou curatifs , présentés et détaillés avec un lumineux discernement ; mais encore on peut avancer avec vérité , que c'est à cette classe utile , que nous devons principalement la connaissance des mœurs et des usages des peuples de l'Egypte , et de la température singulière de chaque canton. Ils eussent ardemment desiré , sans doute , de mettre le comble aux vœux de l'humanité en opposant une barrière assurée à ce fléau dévastateur qui contamine annuellement ces beaux climats , et d'en extirper jusqu'au germe ; mais il est un terme aux forces de l'esprit humain , et un si grand bienfait

demande du temps et des attentions lon-
guement suivies. Nous leur devons beaucoup qu'ils aient déjà modéré l'intensité,
diminué les progrès de cette funeste épidémie, par de sages précautions, et que par
des soins non moins assidus que périlleux,
ils aient su en démêler les espèces, assigner
les remèdes les plus convenables à chacune,
et en trouver d'efficaces à un petit nombre;
nous devons beaucoup sur-tout au coura-
geux dévouement des officiers de santé que
leurs fonctions appelaient plus près des malades, et dont plusieurs y ont trouvé la mort.
Tant de zèle, tant de philantropie méritent
à ces hommes généreux la reconnaissance
de leurs contemporains, et leur assurent
celle de la postérité.

Le général Menou s'occupe aussi à rectifier les idées de ce peuple moitié sauvage et
moitié civilisé. Il appartenait à un des premiers fondateurs du gouvernement libre des
Français, de jeter les bases de ce nouvel
édifice qui étonnera peut-être bientôt les
nations d'Asie et d'Afrique, et y amènera
infailliblement de nouvelles idées et de nou-

velles combinaisons. Il fallait un législateur éclairé, réfléchi, pour discerner avec justesse ce qui était convenable à un tel peuple; lui seul pouvait, d'une main prudente et habile, par une pente douce, conduire à une juste liberté des hommes abrutis sous les chaînes de l'esclavage.

Ce général n'a cessé un seul instant de faire oublier les malheurs de la guerre au peuple confié à son gouvernement : il a fait plus, il a sondé les plaies profondes de l'état, que la verge spoliatrice d'un gouvernement oppresseur tenait ouvertes depuis des siècles, et sa main bienfaisante s'est occupée aussitôt à les fermer. Puissamment secondé par un homme rare sous tous les rapports, le directeur général des revenus publics (1), il a su concilier les intérêts de l'armée et ceux des habitans; par des réglemens justes, mais rigoureux, il a fait disparaître un fléau qui flétrissait ces fertiles contrées, l'odieux arbitraire, et ses satellites non

____

(1) Le citoyen Estève.

H 2

moins odieux, cette foule de vampires qu'il entraîne avec lui ; et par ces mesures, il a grossi les canaux du trésor public, et assuré au peuple une existence jusqu'alors précaire. Le commerce et l'agriculture ont déjà occupé ses regards avec tout l'avantage qu'on pouvait attendre des circonstances et d'un si court espace de temps. Il vient de régler l'administration de la justice sur des bases conformes à la raison, et il en a confié la surveillance à un homme intelligent (1), à un philosophe dont les lumières n'influeront pas peu sur la restauration de cette partie intéressante du pacte social. Il savait qu'un gouvernement, tel qu'il puisse être, n'est jamais qu'un gouvernement barbare, tant qu'il souffre des indigens dans son sein, et il a assuré l'existence d'une foule de malheureux en les employant utilement aux travaux publics ; et s'il fait donner aux pauvres infirmes un asyle où ils puissent trouver les premiers besoins de la vie, en satis-

---

(1) Le citoyen Fourier.

faisant les vœux les plus chers à son cœur,
il comblera ceux de l'humanité. Il a ordonné
l'impression d'un journal arabe (*Tanbyéh* ,
Avertissement) qui , en faisant connaître
aux peuples de l'Egypte et même de l'O-
rient , ses actes administratifs, leur donnera
une juste idée d'un sage gouvernement ,
leur inspirera de l'attachement à nos loix ,
et préparera leur esprit à de grandes choses.
Espérons aussi qu'il fera imprimer une grammaire et un vocabulaire français et arabe ,
qui faciliteront un moyen de communication
plus prompt et plus suivi entre les Français
et les Egyptiens : le commerce , l'industrie ,
la concorde , les lumières , tout y gagnera.

C'est ainsi que ce sage législateur jette
insensiblement les bases de la liberté chez
un peuple également intéressant, et par sa
célèbre antiquité , et par ses chaines qui
remontent jusques dans la nuit des siècles,
peuple dont la civilisation ouvre les portes
de l'Orient aux lumières acquises de l'Europe. Un ouvrage si glorieux n'est pas sans
épines', je l'avoue , et demande une élévation d'ame peu commune; mais l'homme

H 5

probe trouve sa récompense dans son propre cœur : elle est aussi dans les bénédictions de la postérité toujours impartiale. Il est beau de vaincre, sans doute ; mais qu'il est doux de rendre les peuples heureux par une sage administration !

Fin de la notice.

NOTICE sur les réparations faites au Mekyas de l'île de Raoudah , sous la direction du citoyen·Chabrol , ingénieur des ponts et chaussées , adressée par le citoyen Le Pere , ingénieur en chef , au citoyen Fourier , chef de la justice , pour être , conformément à la demande du Divan , conservée dans les annales du Kaire.

Les ingénieurs des ponts et chaussées ont vu avec intérêt le mekyas qui est un objet de vénération pour les Egyptiens : voulant continuer d'y rapporter les crues du Nil , ils ont dû s'assurer de la division en coudées, et de la hauteur de la colonne , sur lesquelles les écrivains, les voyageurs et les habitans eux-mêmes ne se trouvaient pas d'accord. Pour cet effet , ils ont fait curer le puits jusqu'à ses fondations, en présence de Moustaffa, cheykh du mekyas, et du sakka bachy ; ils ont vu la première division inférieure de la colonne , dont le fût est divisé en seize coudées ou deraa'.

Les six premières coudées ne sont pas sub-
divisées , les six autres supérieures le sont
en vingt-quatre parties ou doigts. Chacune
de ces seize coudées répond à cinquante-
quatre centimètres de la mesure linéaire
des Français. Le chapiteau de la colonne a
une coudée quatre doigts de hauteur ; il
supporte un nouveau dé en marbre blanc
qui a une coudée deux doigts de hauteur.

Depuis quelques siècles, la crue du fleuve
s'élevait au dessus de la seizième coudée.
Afin de pouvoir estimer cet excédent des
crues au dessus du fût de la colonne, on a
gradué le dé au haut duquel on a dix-huit
coudées six doigts , y compris le chapiteau.
La poutre de soutennement que fit placer,
en 1180 de l'hégyre, Hamza-bacha, Caym-
ma-kam du Kaire, tombait de vétusté; elle
a été remplacée par une nouvelle d'une
seule pièce qui traverse le puits d'est en
ouest : elle est supportée par le dé de la
colonne. Le puits a été ragréé dans son pourtour ; la chambre à galerie tournante a été
réparée, et la colonne repeinte. On a respecté
les inscriptions koufiques et arabes ; on a
fait de nouvelles barrières au bord du puits ,

et deux chambres adjacentes à la galerie, pour le cheykh du mekyas.

On a construit un portique à l'entrée du monument ; sous son péristile et au dessus de la porte on a placé une table de marbre blanc, sur laquelle est gravée une inscription française et arabe; elle est ainsi conçue :

Au nom de Dieu clément et miséricordieux.

L'an 9 de la République française, et 1215 de l'hégyre, trente mois après l'Egypte conquise par BONAPARTE, MENOU, général en chef, a réparé le Mekyas. Le Nil répondait dans ses basses eaux à trois coudées dix doigts de la colonne, le dixième jour après le solstice de l'an 8.

Il a commencé à croître au Kaire, le seizième jour après ce même solstice.

Il s'était élevé de deux coudées trois doigts au dessus du fût de la colonne, le cent septième jour après ce solstice.

Il a commencé à décroître le cent quatorzième jour après ce solstice......

Toutes les terres ont été inondées : cette crue extraordinaire de quatorze coudées dix-sept doigts fait espérer une année très-abondante.

Le fût de la colonne est de seize coudées ; la coudée est de cinquatre-quatre centimètres ; elle se divise en vingt-quatre doigts.

(Suit la traduction arabe.)

Cette inscription porte en tête le sceau de Hhamed Abou el-Tikan el-A'rychy , cady du Kaire la bièn gardée.

Le Nil a monté cette année à la hauteur de dix-huit coudées trois doigts, ce qui fait une crue effective de quatorze coudées dix-sept doigts. Dans ce calcul de la crue du fleuve , on a déduit trois coudées dix doigts qui restaient sous les eaux au moment où, comme dans les deux années précédentes , le Nil a commencé à croître. Il paraît essentiel d'observer que le *deraa' el-bahhr* dont se sert le cheykh du mekyas , pour les criées publiques , est plus petit que celui de la colonne. puisque ce cheykh a proclamé, cette année, pour la dernière criée,

le 5 djemady el-aouel 1215, ou le 2 vendémiaire an 9 , vingt-trois coudées deux
doigts pour *maximum* de la crue.

Au Kaire , le 12 nivôse an 9 de la République française , et le 16 du mois de
cha'ban 1215 de l'hégyre.

*L'ingénieur en chef , directeur des ponts et
chaussées ,*

Signé LE PERE.

DETAILS PARTICULIERS

SUR LES ANTIQUITÉS

ET AUTRES FAITS REMARQUABLES.

Serment singulier.

LORSQUE les Mamlouks parurent devant nous pour la première fois, à Rahhmaniéh, nos avant-postes arrêtèrent un habitant du pays, qui traversait la plaine. Les volontaires qui le conduisaient prétendaient l'avoir vu sortir des rangs ennemis , et le traitaient assez durement, le regardant comme espion : me trouvant sur son passage , j'ordonnai qu'il fût conduit au quartier-général , sans qu'on lui fît aucun mal. Ce malheureux, rassuré par la manière dont il me vit parler, chercha à me prouver qu'il n'était point le partisan des Mamlouks : il parlait avec véhémence , et appuyait sa défense de gestes très-expressifs ; mais comme je n'avais pas d'interprète , il vit bien que je ne pouvais le comprendre. Alors , il leva sa chemise bleue ; et prenant son *phallus* à poignée , il reste un moment dans l'attitude théâtrale d'un dieu jurant par le Styx ; sa physionomie semblait me dire : *Après le serment terrible que je fais pour vous prouver mon innocence , osez en douter !* Son geste me rappella que du temps d'Abraham on jurait vérité en portant la main aux organes de la génération.

Cet usage antique , conservé chez les Arabes modernes , n'est pas le seul ; et plus on étudie les mœurs de ce peuple demi-sauvage, plus l'histoire de l'ancien testament s'éclaircit . . . .

On peut encore observer que ce n'est pas dans le cas ci - dessus seulement que les Egyptiens s'écartent de ce que nous appelons les règles de la décence : ils paraissent extrêmement sévères sur les mœurs de leurs femmes et de leurs filles , et mettent en général bien peu d'importance à découvrir ce que nous cachons avec tant de soin. Les chansons les plus ordurières , les danses les plus dégoûtantes sont les délassemens favoris qu'un grave musulman procure à sa famille cloîtrée . . . . .

(Extrait d'une lettre de l'adjudant général Julien au citoyen Geoffroy.)

Eau de rose, et vin du Fayoum.

La partie de l'Egypte, connue aujourd'hui sous le nom de *Fayoum*, est, comme on sait, l'ancienne préfecture arsinoïte. Suivant le témoignage de Strabon, la beauté du pays et la variété de ses productions, la distinguaient des autres préfectures. On la reconnaît encore à la description qu'il en a faite ; mais depuis l'époque à laquelle ce géographe écrivait, la culture des rosiers s'y est introduite, et entretient parmi les habitans de cette province, un genre d'industrie dont ils sont restés seuls en possession jusqu'à présent.

Aucun voyageur moderne n'ayant fait connaître les procédés de la fabrication de l'eau de rose, et du vin du Fayoum, et ces procédés remontant vraisemblablement à l'enfance de la chimie chez les Arabes , nous avons pensé que leur description ne serait point dénuée d'intérêt pour les personnes qui s'occupent de l'histoire d'une science dont les progrès extraordinaires ont si éminemment illustré la fin du dix-huitième siècle.

La terre destinée à la culture des rosiers est préparée par cinq ou six labours successifs. Ces labours achevés , on y trace de petites rigoles en carreaux plus ou moins étendus , sur lesquels se fait la plantation , aux approches du solstice d'hiver. Les arrosemens artificiels qui servent à l'entretien , commencent aussitôt après , et se renouvellent tous les quinze jours , à moins que la terre n'ait été submergée pendant le débordement du Nil ; ce qui dispense de les répéter aussi fréquemment.

La culture d'un *feddan* (1) de rosiers , exige l'emploi continuel de quatre hommes qui , suivant le besoin, travaillent aux irri-

____

(1) Mesure de terre équivalente à un arpent et soixante dix-sept centièmes , mesure de France.

gations, au sarclage de la plantation, ou à la récolte des fleurs. Cette récolte commence vers le milieu de germinal, et dure environ un mois. On arrache chaque matin, au lever du soleil, les pétales des roses épanouies, que l'on emploie sur le champ. Un feddan de rosiers produit, année commune, huit à neuf kantar de fleurs (1).

L'appareil dont on se sert pour la confection de l'eau de rose, est composé d'une chaudière de cuivre, de vingt-quatre à trente pouces de profondeur sur un diamètre à peu près égal, engagée de toute sa hauteur dans un petit fourneau de maçonnerie de briques, et recouverte d'un chapiteau de cuivre battu, de forme demi-sphérique. Le chapiteau porte intérieurement à sa base une gorge circulaire qui reçoit l'eau distillée, et la verse par un tuyau incliné dans le récipient qui lui est destiné.

Afin d'accélérer la condensation des vapeurs, on remplit d'eau froide que l'on

____

(1) Le kantar de cent rottles équivaut à quatre vingt-onze livres poids de marc.

renouvelle

renouvelle le plus souvent possible , un intervalle de quelques pouces , ménagé entre la voûte du chapiteau , et une espèce d'enveloppe extérieure de même métal , qui lui est adhérente.

On se sert, pour luter la chaudière et le chapiteau , du résidu ou de l'espèce de pâte que forment les pétales des roses, après leur distillation. Cinquante rottles de fleurs et quarante rottles d'eau produisent vingt-cinq rottles d'eau de rose.

Les beys faisaient fabriquer, pour l'usage particulier de leurs maisons , une eau de rose bien supérieure à celle que l'on trouve ordinairement dans le commerce. On en tirait d'abord du kantar de pétales , une certaine quantité ; on versait cette eau sur un autre kantar de fleurs , et l'on distillait de nouveau ; on obtenait ainsi une *eau double* que l'on distillait encore sur un troisième kantar, pour obtenir un troisième produit encore plus concentré.

L'art de fabriquer l'eau de rose n'est pas le seul qu'exercent exclusivement les habitans du Fayoum : celui de faire le vin se trouve aussi chez les chrétiens de cette province. Incapables depuis long-temps de rien perfectionner, tout porte à croire que leurs procédés actuels sont les mêmes qu'employaient les anciens Egyptiens ; ce qui acquiert d'autant plus de vraisemblance que les procédés dont il s'agit se trouvent tracés sur les murs des grottes d'Éleithias ; et ceux de quelques catacombes dans le voisinage des pyramides.

Après avoir foulé le raisin pendant une heure dans une jarre de terre cilindrique, on le met dans un sac, fait d'une étoffe de laine fort épaisse ; on le tord avec force. Le jus du raisin, exprimé par cette opération, est reçu dans une jarre semblable à la première. La fermentation s'y établit, et se prolonge de huit à quinze jours. On le transvase ensuite dans une de ces grandes amphores qui servent à transporter en Egypte les huiles de la Barbarie ; on enfouit ce vase presque jusqu'au cou, et l'on en ferme l'orifice. Le vin du Fayoum ne se conserve que quelques mois, et c'est à l'état de vinaigre qu'on le trouve communément au Kaire, où il est très-estimé.

P. S. GERARD.

Anecdote sur les femmes de Rosette.

Les usages de l'Orient à l'égard des femmes sont fondés sur la défiance et le soupçon ; ils sont pourtant un peu adoucis par la liberté de se réunir aux bains , qu'on a laissée aux femmes. Cette réunion est une fête ; toutes les ressources de la toilette sont employées par celles qui s'y rendent. L'objet de leur parure n'est pas d'attirer l'attention des hommes ; car elles ne paraissent jamais en public sans avoir le visage couvert par le borgo , et sans une pièce de taffetas qui , les enveloppant depuis les pieds jusqu'à la tête , dérobe aux regards leur vêtement, leur coiffure et leurs mains : mais dès qu'elles arrivent aux bains , elles se hâtent de faire tomber ces voiles importuns , pour jouir et se rassasier de ce plaisir de la rivalité dont le besoin se fait si fortement sentir à leur sexe. Le suprême plaisir est de réussir , soit par le nombre de sequins de Venise qu'on a supendus à ses cheveux , soit par la beauté de ses diamans , soit par la richesse de sa robe , à effacer toutes les autres femmes. Il faut pourtant avouer que de telles jouissances sont bien bornées, et que même, en obtenant des succès assez constans pour faire mourir deux ou trois amies de dépit, une pauvre femme doit trouver son bonheur imparfait. Quel prix peut-elle attacher à un triomphe obtenu loin des regards des hommes ? Car ils sont sévèrement exclus de ces sortes de lieux. Les seuls qu'on y tolère sont des musiciens aveugles gagés pour faire entendre des voix masculines.

Quoi qu'il en soit, les femmes turkes tiennent beaucoup aux plaisirs des bains ; elles y apprennent toutes les nouvelles qui circulent dans la ville, elles y comparent la libéralité de leurs maris. S'il en est un dont les épouses se trouvent moins favorisées, son repos est perdu. C'est encore aux bains que sont traités les intérêts généraux de cette ligue qui, malgré l'opposition de tant d'intérêts particuliers, subsiste de temps immémorial entre les femmes de tous les pays ; elles s'y concertent pour repousser les entreprises faites sur leurs prérogatives : celles de Rosette ont vigoureusement défendu un

droit qu'on a tenté de leur enlever au ramaddan dernier (1). Voici comment la chose s'est
passée :

L'éfendy de Rosette , en faisant la proclamation, par laquelle on annonce plusieurs
jours d'avance la fête de nuit qui, dans
toutes les villes musulmanes , précède l'ouverture du ramaddan, y ajouta de son chef
une défense pour les femmes, d'assister à
la fête. Or, c'est la seule circonstance où
l'usage leur permette de sortir du hareim ,
et de prendre part à la solennité publique.
Elles s'assemblèrent aux bains pour délibé-
rer sur l'innovation ; elles écrivirent au général Menou , alors à Rosette, qu'elles savaient fort bien que c'était à son insçu que
l'éfendy leur avait défendu de paraître à
la fête , et qu'elles espéraient que cette défense serait levée par son ordre. Le général
Menou leur répondit qu'il ferait connaître
ses intentions au milieu d'une assemblée de
notables du pays où l'éfendy serait , qu'elles

____

(1) En l'an 7 , le général Menou commandait alors
dans cet arrondissement.

pouvaient envoyer quelqu'un, pour être informées de ce qui s'y passerait. L'assemblée eut lieu dans le hareim d'un particulier de Rosette, qui s'y prêta de bonne grace ; les représentans des femmes s'y trouvèrent. Le général Menou dit à l'éfendy : *Vous avez fait la défense dont ces dames se plaignent, sans y etre autorisé ; vous avez voulu que l'on pensât que les Français étaient capables de les insulter : sachez qu'aucun peuple ne respecte autant les femmes ; je vous ordonne de révoquer cette partie de votre proclamation.* Les femmes approuvaient ce discours par le tournoiement de leurs yeux, seule partie de leur visage qui fût visible. Leurs commettans, après avoir entendu leur rapport, votèrent une adresse de remerciement, qui fut remise deux jours après au général Menou.

L. COSTAZ.

Retour de l'armée de Syrie.

L'armée partit du camp devant Acre le 2 prairial ; elle était à Tantoura avant la nuit :

elle en partit le 3 à deux heures après midi ;
elle arriva avant le coucher du soleil sur
les ruines de Césarée où elle passa la nuit.
Pour aller de Tantoura à Césarée, on suit
le bord de la mer sur des sables qui, étant
continuellement baignés par les vagues,
ont plus de stabilité que les sables secs, et
présentent au pied du voyageur un appui
suffisant pour marcher sans fatigue extraordinaire : l'ardeur du soleil était tempérée
par le vent de mer. A Césarée, on trouve
un puits d'eau excellente ; il est placé vis-
à-vis le frontispice d'une église chrétienne
ruinée : ce qui reste de cette église est dans
le genre gothique ; on n'y retrouve aucune
trace du style arabe. Elle a évidemment été
construite par les croisés, aussi bien qu'un
château fort dont les fossés et les murs subsistent presqu'en entier.

L'armée partit de Césarée le 4 prairial,
à deux heures du matin ; elle s'arrêta à huit
heures dans le voisinage d'une source d'eau
douce qu'on trouve sur le bord de la mer,
au pied d'un rocher qui, faisant saillie sur
le rivage, présente un abri aux embarca-
tions des habitans du pays de *Samarie*, qui

portent aujourd'hui le nom de *Naplou-saïns* (1). Nous nous remîmes en marche à deux heures, nous suivîmes le bord de la mer jusqu'à un endroit où le rivage s'élevant brusquement, le chemin est forcé de prendre sa direction un peu à l'est, à travers un pays montueux, couvert de buissons et d'arbustes, et dans lequel les grands arbres sont assez communs. Le vent de mer ne s'y faisant point sentir, on y éprouve une chaleur accablante. Nous arrivâmes avant le coucher du soleil, à une rivière auprès de laquelle nous passâmes la nuit ; elle enveloppe presque de tous côtés un mammelon qui commande le territoire adjacent, et présente une position militaire naturellement très-forte : le général Bonaparte assit son camp sur cette hauteur. L'eau de la rivière a fortement le goût et l'odeur des marais. Pendant la campagne, les Samaritains, habitans de ce canton, avaient inquiété nos communications avec Yaffa ; ils

---

(1) Cet endroit s'appelle *Mina Abou-Zaboura* ; il n'y a point d'habitations.

vaient attaqué quelques-uns de nos con-
ois : on a brûlé leurs villages et leurs ré-
oltes.

On partit de ce camp, le 5 prairial, à
eux heures du matin. Le chemin ren rant
l'ouest, on arriva, à la naissance du jour,
ur le bord de la mer que l'on suivit cons-
amment jusqu'à Yaffa, où l'armée fut ren-
lue au milieu de la journée; elle y séjourna
endant quatre jours qui furent employés
démolir les fortifications de la place, et
détruire tout ce qui aurait pu servir à
es entreprises militaires de la part de l'en-
emi.

L'armée s'est rendue de Yaffa à Gaza
n trois petites marches de deux myria-
ètres chacune. A notre premier passage,
n ventôse, nous avions trouvé dans ce pays
es mares d'eau et des boues profondes à
ravers lesquelles on avait peine à se frayer
e chemin; au retour, ce sol était sec et
ercé : l'aridité avait succédé à la sura-
ndance d'eau. Dans toute cette route,
'on n'a rencontré que trois puits d'un
sage incommode à raison de leur pro-
ondeur, et qui n'offraient, pour étancher

la soif de l'armée, que des ressources très-bornées.

Les villages, situés entre Yaffa et Gaza, tels que Ebnéh, Ezdod et Deyr-Naron, sont habités par des Arabes ennemis ; leurs maisons et leurs bleds ont été brûlés. Ces Arabes, au nombre de huit à neuf cens hommes à pied, et d'environ cent hommes à cheval, avaient essayé, le 16 ventôse, de surprendre les équipages du quartier-général et la caisse de l'armée, qui, marchant sous le même convoi, allaient joindre l'armée devant Yaffa : ils furent obligés de céder le passage, après avoir perdu les plus téméraires des leurs. Mais ce châtiment ne suffisait pas ; il a été com-pletté à notre retour.

L'armée partit de Gaza le 12 prairial, et alla coucher à Kan Younous : l'arrière-garde demeura à Gaza jusqu'au lendemain, pour protéger la démolition du château Elle rejoignit à el-A'rych, le corps d'armée qui y était arrivé le 13 prairial au soir, après une marche mémorable par sa longueur et les fatigues que le soldat a éprouvées. La distance de Kan Younous à el-A'rych est

de dix heures de marche pour un homme
à cheval. Quoique le pays qui sépare ces
deux points, présente quelques champs
cultivés, et qu'il soit assez abondamment
garni d'arbustes et de quelques autres vé-
gétaux moins élevés, il est entièrement
sablonneux, et l'on est obligé de faire route
sur des sables mobiles qui cèlant sous le
pied, triplent le travail du piéton. Il fallait
nécessairement franchir cet intervalle dans
une journée, sans quoi on aurait passé la
nuit suivante sans eau, inconvénient plus
à redouter que les plus grandes fatigues.
Dans cette marche, le soldat, indépendam-
ment de ses armes et de son sac, portait
son bidon plein, et sa provision pour quatre
jours.

Le fort d'el - A'rych donne beaucoup
d'avantage à celui qui le possède; il assure
la jouissance de citernes abondantes en eau
douce qui, sans avoir la pureté de celle
du Nil ou de la Seine, est très-potable :
il donne la facilité d'établir des magasins
pour les troupes, soit qu'elles aient passé
le désert pour aller d'Egypte en Syrie,

soit qu'elles se disposent à passer de Syrie en Égypte. Ce fort a toujours fait partie de l'Égypte ; il est nécessaire à sa sûreté, il est nécessaire pour agir offensivement contre la Syrie, toutes les fois que l'ennemi y organisera contre nous des moyens d'attaque : loin de le comprendre dans le plan de démolition qui a été exécuté sur les fortifications tombées en notre pouvoir, pendant l'incursion en Syrie, le général Bonaparte ordonna d'en augmenter la force. On n'a pas cessé d'y travailler depuis quatre mois que nous l'occupons ; on vient encore d'y envoyer des ingénieurs avec des compagnies d'ouvriers, pour perfectionner les ouvrages.

Lorsqu'on a passé el-A'rych, en venant du côté de l'Égypte, on entre dans le désert pur, c'est-à-dire dans d'immenses plaines sur lesquelles la vue se perd, sans rencontrer autre chose qu'un sable aride et rarement quelques plantes d'une végétation misérable. Dans la saison actuelle, ce sable blesse les yeux par l'éclat de la lumière qu'il réfléchit, et sa chaleur brûle les pieds à travers la semelle des souliers (1). Pour venir d'el-A'rych à Ssaléhhyéh qui est le premier point de l'Egypte cultivée auquel on parvient , il faut parcourir vingt myriamètres environ. Kattyéh est placé sur cette route à onze myriamètres d'el-A'rych, et à neuf myriamètres de Ssaléhhyéh. Il y a à Kattyéh un bois de palmiers formant comme une île au milieu du désert. On y a des citernes d'eau saumâtre dont l'usage est désagréable , lorsqu'on n'y est pas accoutumé , mais qui ne nuit point à la santé. Nous y avons construit un fort qui nous rend maîtres des citernes , et nous ménage une station où les différens corps de troupes qui passent , trouvent des approvisionnemens assurés. L'armée s'est transportée en deux jours d'el-A'rych à Kattyéh ; elle a passé la nuit intermédiaire assez près de la position d'Ostracine qui fut une des stations de Titus , lorsqu'il passa d'Egypte

____

(1) La chaleur du sable a été de 44 dégrés de Réaumur.

en Judée, pour y faire la guerre. On trouve de l'eau deux fois dans cet intervalle, à Mesoudiat et à Byr el-Ab. Meṣoudiat n'est éloigné d'el-A'rych que par une marche d'une heure : il y a peu d'avantage à y prendre l'eau plutôt qu'à el-A'rych. Quant au puits dit Byr el-Ab (le puits du père), on le trouve la seconde journée, cinq heures avant que d'arriver à Kattyéh : son eau est amère et salée, les hommes ne peuvent pas la boire. Les chevaux ne la refusent pas ; mais il paraît qu'elle leur fait plutôt du mal que du bien ; car un grand nombre des chevaux qui en ont bu, sont morts, et c'est entre Kattyéh et Byr el-Ab que nous avons fait notre plus grande perte de chevaux : on en a compté jusqu'à soixante-sept.

L'armée séjourna à Kattyéh le 17 et le 18 prairial. Pendant ce séjour, le général Bonaparte, les généraux Berthier, Menou, Andréossy et l'adjudant-général Leturq, montés sur des dromadaires, visitèrent la partie orientale du lac Menzaléh ; ils passèrent la nuit du 17 au 18 auprès de la bouche du Nil, appelée *Tanitique* par les anciens Grecs, et *Om - Farège* par les Arabes. Ils revinrent à Kattyéh en dirigeant leur route par l'emplacement qu'occupait autrefois la ville de Péluse : arrivés aux boues qui donnèrent le nom à cette ville, il fallut mettre pied à terre, et marcher pendant trois heures, sur un terrein fangeux et gluant. L'ardeur du soleil était excessive, et rendait les illusions du mirage si semblables à la réalité, qu'on fut plusieurs fois sur le point de s'égarer. Ce phénomène, dont le citoyen Monge a donné l'explication, s'est offert plusieurs fois à nos yeux dans le désert : on ne saurait croire combien le sentiment de la soif est irrité par ce jeu de la lumière qui fait apparaître l'image de l'eau au milieu d'un espace aride.

Le 19 prairial, le quartier-général, les divisions Reynier, Lasne et Bon se mirent en route pour Ssaléhhyéh ; les troupes sous le commandement du général Kléber se disposèrent à se rendre à Damiette par cette langue étroite de sable qui sépare le lac

Menzaléh de la mer. Nous partîmes du camp de Kattyéh à deux heures après midi, nous traversâmes le mont Casius, et nous allâmes passer la nuit auprès d'une petite oasis (1) composée d'une centaine de palmiers, au dessous desquels on trouve à une petite profondeur, de l'eau saumâtre. Cette eau est potable, à la vérité, mais on lui préfère celle de Kattyéh.

La station des palmiers est sur la limite des sables, que l'on trouve cinq heures avant que d'arriver à Kattyéh, et cinq heures après qu'on en est sorti. Ces sables sont les plus mobiles et les plus profonds qui existent entre l'Egypte et la Syrie ; ils forment des montagnes dont les vents changent continuellement la forme et la position. Depuis les palmiers jusqu'à Ssaléhhyéh, le chemin est assis sur un terrain ferme, excepté dans la dernière heure de marche, pendant laquelle on passe de

----

(1) Les habitans donnent ce nom à un espace de terre fertile, entouré de sables.

nouveau sur le sable. Au milieu de la distance est un emplacement assez bien boisé, dans lequel, à notre premier passage, il existait une mare d'eau douce. Il suffisait, au retour, de creuser à la profondeur d'un demi-mètre, pour se procurer un petit puits qui fournissait abondamment une eau plus agréable à boire que toutes celles que nous avions eues depuis Mésoudiat.

A peine avions nous dépassé cet endroit, qu'un vent d'ouest très-chaud commença à souffler ; il se maintint pendant le reste de la journée : ses raffales brûlaient le visage, comme les bouffées qui sortent de la bouche d'un four. Vers les quatre heures du soir, nous apperçûmes les palmiers de Ssaléhhyéh ; nous nous hâtâmes d'y parvenir. Les felahhs sont dans l'usage de porter sur les chemins l'eau du Nil, pour la vendre aux voyageurs altérés ; ils étaient venus en grand nombre à notre rencontre avec des jarres et des outres qui en étaient pleines. Elle fut payée au prix du vin ; on la buvait avec une volupté qu'il est impossible d'imaginer, à moins de s'être trouvé dans les mêmes circonstances : chaque individu fut plus d'une heure à savourer cette eau délicieuse.

L. C......

Arabes abbabdéhs.

Au sud-ouest du fort, entre des collines de cailloux roulés, il y avait, pendant mon séjour à Kosséyr, un camp d'Abbabdéhs. Ces Arabes portent les cheveux longs, se rasent, et se couvrent rarement la tête d'un turban ; ils sont presque nus. Ils s'enduisent le corps et principalement la tête avec de la graisse de mouton. Les Abbabdéhs sont noirs, mais ils n'ont point le caractère de la figure nègre : ils ressemblent assez, pour la couleur et pour les traits, aux Barabras qui habitent les bords du Nil, au dessus de Syène.

Les Abbabdéhs n'ont point d'armes à feu ; ils sont armés de deux lances de quinze à seize décimètres de long, dont le fer est large et très-arrondi, d'un sabre droit, à deux tranchans, et d'un petit couteau courbe attaché au bras gauche. Ils ont pour arme défensive un bouclier rond, de sept décimètres de diamètre, et qui est, je crois, de peau d'éléphant.

Les Abbabdéhs n'ont presque point de chevaux, et ils ne montent que des dromadaires.

On ne voyait dans leur camp aucune cabane. Pendant le jour, lorsque la chaleur est excessive, l'Abbabdéhs pose à terre la selle de son dromadaire; il dresse vis-à-vis, à une certaine distance, une pierre d'une égale hauteur; il pose sur ces deux supports son sabre et sa lance par dessus; il étend une peau de mouton, et voilà sa maison construite : à la vérité, elle n'a guère que quatre à cinq décimètres de haut, et il ne peut y être que couché. Quelques Abbabdéhs se mettent aussi à l'abri du soleil, dans de petites grottes qu'ils ont creusées sur le penchant des collines qui environnent le camp. Je n'ai point vu de femmes dans ce camp, et il est assez probable que dans ceux où elles demeurent, les cabanes ou les tentes sont un peu plus spacieuses que les abris dont je viens de parler.

K 2

La curiosité m'a conduit souvent chez ces Abbabdéhs, et j'ai été plusieurs fois témoin de leurs amusemens. Leur danse n'a aucun rapport avec la danse lascive des Egyptiens ; elle est toujours l'image des combats. Les danseurs sont armés de la lance ou de l'épée et du bouclier, et ils exécutent, en s'attaquant, plusieurs pas avec force et légéreté. L'adresse consiste à défendre son bouclier ; celui qui le laisse frapper est vaincu. Souvent un danseur s'élance vers un des spectateurs ; il lui pose la pointe de l'épée sur la poitrine, en poussant un grand cri, auquel celui-ci doit répondre : *Abbabdéhs* ; alors il s'en éloigne, et recommence à danser. J'écoutais avec plaisir leur musique, lorsqu'ils chantaient, accompagnés d'une espèce de mandoline, leurs victoires sur les Arabes *antouni*.

Tous les marchands qui passent dans la vallée de Kosséyr, donnent aux Abbabdéhs vingt-trois parats pour chaque chameau chargé, une petite mesure de bled, de fève ou d'orge, selon la charge du chameau. Ils prennent aussi en nature le vingtième des moutons, chèvres, poules et autres objets d'approvisionnement de ce genre, qui arrivent à Kosséyr. Les Abbabdéhs, moyennant cette rétribution, sont obligés de veiller à la sûreté de la route, et d'escorter les caravanes ; mais ils ne répondent pas des accidens occasionnés sur-tout par les Arabes a ttouni, qui s'étendent jusqu'au désert de Souès, où on les nomme *Houatat*. Il existe depuis un temps immémorial une guerre continuelle entre ces deux tribus

A certaines époques, lorsque le bled et les autres denrées, données par les marchands, forment des amas considérables au milieu du camp, le nombre des Abbabdéhs s'augmente, et l'on procède au partage. J'ai cru y appercevoir une grande égalité : j'ai été témoin d'une dispute très-vive entre un simple Abbabdéhs et le cheykh qui était accusé d'avoir trompé dans le partage ; mais je n'ai pu prendre aucun renseignement certain sur la manière dont il se fait. Cette distribution donne souvent lieu à des rixes, ce qui me faisait présumer que la bonne foi n'y préside pas toujours. Une autre source principale de leur richesse consiste dans le commerce du séné qui croît sur leurs montagnes.

Les Abbabdéhs sont musulmans; mais ils observent peu les pratiques de leur religion.

Ce peuple se glorifie d'être guerrier, et méprise les cultivateurs.

La manière de voyager des Abbabdéhs leur permet de parcourir un pays désert très-étendu ; ils font jusqu'à cent lieues en quatre jours. Ils portent sur leurs dromadaires trois outres : elles sont attachées le long de la selle, l'une pleine de fèves, l'autre d'eau, et la plus petite de farine. Equipés de la sorte, ils se réunissent quelquefois deux ou trois cens, et vont à cent ou cent cinquante lieues, à travers le désert, attaquer une tribu avec laquelle ils sont en guerre, ou attendre le passage d'une caravane qu'ils veulent piller.

Les Abbabdéhs possèdent des villages sur le bord du désert, proche la rive droite du Nil, et à sept ou huit lieues au nord de Syène. Ils sont aussi en possession d'une partie des montagnes comprises entre la vallée du Nil et la mer Rouge.

Ce pays était autrefois connu sous le nom de pays des Troglodytes.

Les Abbabdéhs ne sont point originaires d'Arabie : ils connaissent l'arabe ; mais leur langue natale en est très-différente, et elle paraît commune aux peuples qui habitent ces montagnes. Ils descendent probablement des peuples errans qui possédaient autrefois cette contrée, et dont les anciens écrivains font mention. Parmi plusieurs points de ressemblance que l'on trouve entr'eux et les Abbabdéhs, je remarquerai que ces peuples ensevelissaient leurs morts d'une manière particulière. On jetait des pierres sur le cadavre jusqu'à ce qu'il fût entièrement couvert. Cette coutume est encore pratiquée aujourd'hui par les Abbabdéhs, et l'on me fit remarquer dans la vallée qui conduit à Kosséyr, plusieurs tas de cailloux qui étaient les tombeaux de quelques Abbabdéhs tués dans un combat. A trois lieues de Kosséyr, je vis encore une assez grande quantité de pierres : elles recouvraient, m'a-t-on dit, le corps d'un riche marchand, assassiné par les Arabes. Cette manière d'ensevelir les morts a dû nécessairement prendre naissance et se conserver dans un pays où le terrein est très-difficile à creuser, et où la grande quantité de pierres donne le moyen de sépulture le plus commode et le plus prompt.

A. DUBOIS,

Ingénieur des ponts et chaussées.

Kasr-Karoun, Birk el-Karoun.

L'adjudant-général Boyer, dans une tournée qu'il vient de faire dans le Fayoum, a visité les ruines d'un édifice égyptien, connu par les naturels du pays sous le nom de *Kasr-Karoun.* Il est situé dans le désert à quatre lieues, au moins, du pays cultivé, et à l'une des extrémités du lac qui porte son nom. Placé sur une petite éminence, il fait face à la partie la plus étendue de ce lac qui se prolonge d'occident en ouest.

Cet édifice est, comme toutes les cons-tructions égyptiennes, composé de blocs énormes. Les plafonds des salles sont formés de pierres de vingt-quatre pieds de longueur, sans comprendre les extrémités qui portent sur les murs d'appui. La largeur totale du bâtiment est de quarante pieds, sa longueur de soixante. L'architecture en est simple et majestueuse.

Dans toute l'étendue du désert voisin de Kasr-Karoun, on trouve des blocs de grès, des fragmens de granit et de marbre blanc, des fondemens de palais considérables, et des ruines qui semblent indiquer l'emplacement d'une ville très-grande et régulièrement bâtie. Les habitans nomment ces ruines *Beled-Karoun*.

L'adjudant-général Boyer a vu aussi un grand nombre de grottes souterreines que nous présumons avoir servi de tombeau aux crocodiles qui, comme on le sait, étaient révérés dans le nome arsinoïte. Le cheykh des Arabes qui l'accompagnait, lui a dit qu'il existait beaucoup de grottes semblables autour du lac Karoun, et que dans un endroit nommé *Mesent*, situé dans le désert, à six lieues de distance, on rencontrait des ruines fort étendues parmi lesquelles on trouve des statues et des monumens curieux qui paraissent n'avoir été visités par aucun voyageur.

On voit sur les murs de Kasr-Karoun les noms de Paul Lucas et de Richard Pockoke. Ce dernier, en effet, entre dans quelques détails sur ce bâtiment : il suppose qu'il a servi de temple au fameux labyrinthe dont parlent les auteurs anciens, et qu'il croit avoit été placé dans le voisinage de cet édifice. Cette opinion est contraire à celle de Danville.

(Extrait d'une lettre de Beni-Seouef, au rédacteur du *Courier d'Egypte.*

Sur le même sujet.

Peu de temps après, les citoyens Bertre et Jomard, ingénieurs géographes, et d'autres membres de la commission des sciences et arts, les citoyens Castex, Rozières et Dupuis, firent deux courses dans cette partie du désert Lybique. Les facilités que le général Zayonchek a bien voulu leur procurer, leur ont permis de reconnaître une bonne partie du lac, et de prendre les détails des ruines qui sont à l'ouest. On a dessiné les plans, les élévations et les ornemens de Kasr-Karoun que Paul Lucas a étrangement défigurés, et dont Pockoke a donné une description vague et incomplette. Ce monument, dont le premier des deux voyageurs a fait le labyrinthe, et où il a trouvé un grand nombre de chambres toutes revêtues en marbre, n'est autre chose qu'un temple égyptien, bâti en pierre calcaire, et dont les dimensions sont d'environ quatre-vingt-huit pieds sur cinquante-huit. Il est précédé d'un portique de deux colonnes, et son étage inférieur n'est composé que de quinze pieces dont onze sont fort rétrécies, et dont la plus remarquable paraît avoir servi pour les oracles.

Quant au Birk el-Karoun, son développement est d'environ quatorze lieues, et sa circonférence de vingt-neuf. Sa position géographique coïncide avec celle que les anciens ont assignée au lac Mœris, et le citoyen Jomard se propose de faire voir dans la notice sur le temple dont on vient de parler, que le Birk el-Karoun est un reste de ce lac fameux que les voyageurs et les géographes modernes ont placé d'une manière si différente.

(Extrait du Courier d'Egypte.)

___

Médinet Namroud, Birk el-Karoun.

Le citoyen Martin, ingénieur des ponts et chaussées, vient de terminer la reconnaissance du Birk el-Karoun dont le bord septentrional était inconnu à tous les voyageurs. Accompagné de vingt Arabes commandés par le cheykh A'ly, fils d'Abou-Sealéhh, grand cheykh de la tribu des Samalous, il a parcouru cette rive où il a trouvé les ruines d'un grand monument d'une construction particulière, et différente des restes que nous connaissons de l'ancienne Egypte. On y voit encore plusieurs murs en briques, composés de craie blanche et de paille hachée. Leur plan, très-régulier, indique un vaste palais ; mais les

Arabes le lui ont désigné sous le nom de *Medinet Hamroud*, ville de Hamroud.

Le Birk el - Karoun qui paraît n'être plus qu'une flache ou une cunette de l'ancien lac Mœris, a environ quarante-quatre mille mètres de longueur. Il laisse entre les bords et la montagne, une plage immense qui a environ dix mille mètres de largeur à l'est, et se termine en pointe à l'ouest où l'extrémité du lac baigne le pied de la montagne.

De cette extrémité jusqu'à la grande hauteur désignée par Pockoke, sous le nom de pyramide du cheval, et que l'on voit très-loin à l'ouest, la montagne se prolonge à pic sans ouverture ni indice du Bahhr-bela-ma, par lequel on pensait que le lac Mœris avait pu communiquer avec la Méditerranée.

Le citoyen Martin a continué sa reconnaissance par le désert qui sépare le Birk el-Karoun du lac Gara; il a déterminé la position des deux rayan ou puits d'eau douce où se termine la première journée de Médine à la petite oasis.

(Extrait du Courier d'Egypte.)

Des lacs de Natroun, et du fleuve sans eau.

Le général Andréossi , et les citoyens Bertholet et Fourier, membres de l'Institut d'Egypte, sont de retour d'un voyage qu'ils ont fait aux lacs de *Natroun.* Ces lacs sont situés à une journée de marche de Téranéh. Avant que d'y arriver on trouve les monastères cobtes de St.-Macaire. Ces monastères , fondés dans le quatrième siècle de l'ère chrétienne , sont placés dans le désert auprès de sources d'eau douce qui y attirent de fréquentes visites de la part des Arabes voleurs : mais ils sont défendus par une enceinte inexpugnable pour ce genre d'ennemis qui ont renoncé depuis long-temps à les insulter , et sont très - satisfaits de quelques rafraîchissemens que le monastère leur fait distribuer. Il y a continuellement un moine en sentinelle sur le rempart.

Les moines n'y portent pas un habit particulier ; ils sont vêtus comme les felahhs, les moins aisés de l'Egypte cultivée : les étoffes qui les couvrent sont dans un état

lout aussi délabré, et laisent souvent appercevoir le nud. Les voyageurs en ont rapporté
quelques livres lithargiques en langue
cobte ; la traduction arabe se trouve à la
marge. Les moines ont offert aux Français
des petits pains ronds (1) sur lesquels était
imprimée une croix , accompagnée d'em-
blêmes religieux. Cette offrande s'est faite en
grande cérémonie : les pains étaient portés
sur des linges blancs ; les moines les accom-
pagnaient avec tous les démonstrations de
respect qu'ils sont dans l'usage d'employer
pour les choses sacrées. Ils ont rendu beaucoup d'honneur au général Andréossi ,
et lui ont dit qu'ils le recevaient comme
un préfet.

Les lacs de Natron sont peu éloignés des
monastères. La soude provient de la dé-
composition du sel marin, favorisée, suivant
l'observation du citoyen Bertholet , par la
présence d'un sable ferrugineux. Elle y est
extrêmement abondante , et sa récolte ne

____

(1) Ces pains n'ont point de levain.

présente absolument aucune difficulté ; mais les naturels qui exploitent cette production dirigent leurs recherches vers les belles cristallisations, et vont chercher péniblement sous l'eau des morceaux qui contiennent une grande proportion de sel marin, et négligent la soude d'excellente qualité qu'on trouve à sec et en grande masse sur les bords des lacs.

A l'ouest des lacs, on trouve la mer vide ou mer sans eau (1). Dans cette partie, c'est un très-grand bassin dont on n'apperçoit pas les bornes : il y reste des traces incontestables du séjour d'une grande quantité d'ean, et le fond est parsemé de pétrifications ; on y trouve des arbres entiers. Toutes les pétrifications sont siliceuses.

(Extrait du Courier d'Egypte.)

---

(1). *Bakhr-bela-ma*. Les Arabes donnent le nom de mer aux grands fleuves.

Notice sur le couvent de St.-Macaire, par le citoyen Gratien Le Père, Ingénieur des ponts et chaussées.

Le 27 messidor an 7, j'accompagnai le général Menou dans sa marche contre Mourad-Bey : nous devions, en passant par les couvens des Syriens, remonter la vallée du fleuve sans eau, rejoindre une partie de la division du général Desaix, postée dans le Fayoum, et redescendre au Kaire par les pyramides de Sakkara et de Gyzéh. Nous partîmes du village d'Embabéh, célèbre par la bataille des pyramides. En cotoyant la lisière du désert, nous marchâmes pendant quelques heures dans les traces bien marquées de cet ancien canal, placé dans la carte de Danville, et qui, passant aux pieds des pyramides par le pont de construction arabe, dont Norden a donné les dessins, et par le pied de la chaine de la montagne de Libye, se rendait au lac Maréotis. Nous quittâmes les bords du Nil à Kasr el-Agha, situé à trois heures de marche de Terranéh. Nous prîmes à l'ouest

la route des couvens du désert, et arrivâmes
en dix heures de marche, le 29, au couvent
de St.-Macaire.

Ce couvent , dit en arabe *Deyr-Maka-
riouth* , bâti au milieu des déserts de la
Libye, est environné des ruines de quelques
autres couvens dont le nombre se montait ,
l'an 793 de Jésus-Christ, à cent soixante-
deux. Celui-ci , d'après le dire des moines ,
fut reconstruit quelques siècles après , sur
les donations des chevaliers de l'ordre de
Saint - Jean de Jérusalem : on y voit , en
effet , des croix de cet ordre. Il est habité
par une vingtaine de Cobtes chrétiens ,
vivant des aumônes des Cobtes de l'Egypte.
La plupart de ces anachorètes sont borgnes,
aveugles ou boiteux, paraissent fort mal-
propres et très-ignorans. Le supérieur a le
nom d'*Abou-y* , qui veut dire *mon père.*
Leur nourriture ne consiste que dans un
petit pain rond mal cuit, des œufs, et
quelques légumes secs : ils ont quelques
approvisionnemens en grains et fèves. Ces
horribles lieux qui , dans l'origine , ont
servi d'asyle aux premiers chrétiens dans
les temps des persécutions de l'église ,

sont aujourd'hui la demeure des célibitaires qu'une stupide ferveur y tient renfermés.

Le couvent de St.-Macaire est renfermé dans une enceinte quadrangulaire de trente-deux toises de largeur sur cinquante-cinq de longueur. Les murs ont de vingt-cinq à trente pieds de hauteur, de cinq à six d'épaisseur, assez mal bâtis. Un chemin de ronde, crénelé dans quelques parties, en parcourt la sommité intérieure, et sert à la sûreté du couvent. L'intérieur renferme une autre maison quadrangulaire à laquelle on communique par un petit pont-levis qui, élevé de vingt-cinq pieds environ, porte sur le chemin des rondes : c'est une espèce de réduit voûté, offrant en bas des magasins assez vastes, et le dessus servant de logement à l'abou-y et à quelques autres moines.

Le jour y entre à peine, un air épais y circule encore moins librement, et la malpropreté de ces gens en rend l'habitation infecte et très-mal-saine : je ne connais aucune odeur désagréable à laquelle je puisse comparer celle que nous respirâmes dans ces horribles demeures, où le général Menou, quelques autres personnes et moi manquâmes d'être suffoqués ; car elle est plus insupportable encore que l'air méphitique de la chambre de la reine dans la grande pyramide. Le reste de l'intérieur du couvent est occupé par quelques chapelles , caves et hangars. Un très-petit jardin , garni de quelques arbres , ne donne à ces lieux aucun aspect riant ; l'action journalière d'un soleil brûlant en détruit jusqu'à la verdure. Deux grands puits d'eau saumâtre fournissent aux besoins les plus ordinaires : ils ont néanmoins de l'eau douce , puisqu'à deux cens toises au dehors une citerne , à ciel ouvert , fournit des eaux potables aux caravanes , et que l'on en retrouve aux environs , en faisant des fouilles de deux à trois pieds dans les sables. Une seule porte sert d'entrée au couvent : elle a quarante-huit pouces environ de hauteur sur autant de largeur : la porte est garnie de lames de fer , parsemée de clous, comme toutes les portes des villes d'Alexandrie et du Kaire. On remarque à celle-ci les effets d'un mouton ou bélier que l'on aurait fait agir , pour la forcer ; et c'est sans doute ce qui a engagé les moines à la masquer au dehors par deux

meules ou tronçons de colonne de granit,
de trois pieds de diamètre, et qui, dressées
et accolées en occupent entièrement l'entrée.
Un plan incliné, de l'extérieur à la porte, en
rend la manœuvre assez difficile, puisque
ce n'est qu'au moyen de pinces ou leviers,
qu'elles se meuvent. Cette petite porte étant
en outre pratiquée dans le renfoncement
d'un grand et faux portail, ouvert à la clef
de son ceintre par deux machicoulis et une
trappe, se défend parfaitement contre les ten-
tations des Arabes ou autres qui voudraient
en forcer l'entrée. C'est aussi par cette trappe
que descendent et remontent les moines,
quand ils ne veulent point ouvrir leur porte.
Une machine à poulie et à manivelle,
comme celle de nos grands puits, à l'aide
d'une corde et d'un siége, sert à cette manœuvre.

Je ne suis entré dans ces détails, que pour
ne point en donner sur les trois autres couvens de ces déserts, puisqu'ils diffèrent très-
peu, tant dans leur construction, que dans
la manière de vivre des hommes qui les habitent : j'en donnerai seulement les noms,

les distances qui les séparent , et une anec-
dote sur l'un d'eux.

A trois lieues environ du couvent de
St. - Macaire , on trouve au nord-ouest les
deux couvens des Syriens : on y arrive en
traversant quelques coupures naturelles de
montagnes calcaires , peu élevées ; bientôt
on descend dans la vallée où sont , à droite ,
les lacs de Natron que les Arabes prononcent
natroun , et plus loin et vers l'ouest , les
deux couvens , distans l'un de l'autre de
deux cens cinquante toises environ. Le premier est nommé *Embah-Bichoy* , et le second *Deyr-Sa'ydéh*. Nous y arrivâmes le 29
messidor , dans la nuit d'une pleine lune
dont la pâle lumière se réfléchissant sur les
murs blancs des couvens , et sur la plaine
aride et sablonneuse qui les entoure , nous
offraient à la vue l'entière illusion des châ-
teaux forts en France , et qui , isolés , dé-
pourvus de toute espèce d'arbres et autres
objets environnans , seraient apperçus , par
un temps sombre d'hiver , au milieu d'une
plaine immense que la neige couvrirait de
toute part. Notre caravane marcha droit à

une petite citerne d'eau douce , située près
du couvent Deyr-Sa'ydéh. Le général Menou , un ingénieur géographe , le citoyen
Levéque , un kia-cheykh et moi , nous allâmes droit à celui d'Emba-Bichoy. Un
moine , du haut du chemin intérieur des
rondes, nous avait apperçus. Nous sonnâmes
long-temps à la porte , mais en vain. En-
nuyés d'attendre , le kia-cheykh fut parler
à la vedette ; nous le suivîmes. On parle-
menta. Le général Menou , au nom des Français , parlait de paix et des bonnes intentions
qui l'animaient. Trois à quatre fois nous en-
tendîmes la cloche qui nous annonçait la
convocation des moines au conseil. Je m'a-
musais assez de la peur bien naturelle de
cette espèce de gens ; mais , après plus de
trois quarts d'heure d'attente , de parlementaires , l'impatience gagnait le général , et
l'on parlait des moyens de vigueur , lorsqu'enfin , après une mûre délibération , on
nous annonça que l'on était à nous. Nous
retournâmes à la porte que nous devions
croire nous être ouverte ; mais nous eûmes
encore à traiter avec quelques moines placés
aux machicoulis , de la clef du grand por-

tail. Enfin, la trappe s'ouvre, et nous voyons un des moines en descendre à l'aide de la machine à poulie. Tout tremblant, il nous parle, nous tâte; il semblait s'être dévoué pour le salut de tous. Il voulut aller reconnaître si la caravane qui bivouaquait près de l'autre couvent, était composée de Français; après s'en être convaincu, il revint et dit à ses confrères que l'on pouvait nous ouvrir la porte. Nous entrâmes par la seule et petite porte fermée, comme celle du couvent de St.-Macaire; nous visitâmes le réduit, le chemin des rondes et toute la maison, d'où nous ne sortîmes qu'à près de deux heures de la nuit. Le lendemain, nous visitâmes l'autre couvent dans lequel le général fit placer une pièce de 12, avec cent hommes de garnison, composée de Grecs et de canonniers français. Cette mesure tendait à empêcher Mourad-Bey de venir faire de l'eau dans cette partie du désert où un bey avait passé quelques jours avant. Le 50 messidor, nous partîmes de ces couvens, laissâmes à l'ouest, et à près de deux lieues, les montagnes de la vallée du fleuve sans eau, que nous ne pûmes remonter, par les nouveaux ordres que reçut le général de marcher droit à Rahhmaniéh. Nous apperçumes à une pareille distance le dernier couvent de ces déserts, dit *Bahhr amoufs*, qui renferme des Grecs. Après une heure et demie de marche, nous traversâmes les lacs de Natron, couverts, à la surface desséchée, d'une croûte saline d'une blancheur éblouissante. La longueur de ces lacs, nord et sud, direction approchée, est de deux lieues sur un quart et demi de largeur. Les bords sont couverts d'herbes et de joncs dont la verdure donne à la vallée l'aspect d'une oasis. . . . .

Du canal de Moës, et de la ville de Bubaste.

Les citoyens Lefèvre, ingénieur des ponts et chaussées, et Malus, ingénieur militaire, ont achevé la reconnaissance du canal de Moës. Il en résulte que le canal est une véritable branche dans laquelle l'eau coule en grand volume et avec une assez grande vitesse : c'était évidemment l'ancienne branche Tanitique. Ils ont reconnu les ruines de

Bubaste, et y ont dessiné quelques fragmens
d'architecture. Cette ville était célèbre dans
l'antiquité par les fêtes qui s'y célébraient,
et par les jeux indécens auxquels se livraient
les femmes qui s'y rendaient pour assister
à la fête. Ces deux citoyens ont été chargés
de faire une reconnaissance générale du
Delta ; ils y sont actuellement.

(Extrait du Courier d'Egypte.)

Du canal de Souès.

Après une première reconnaissance du
canal de Souès, faite par le général en chef,
les citoyens Le Père, ingénieur en chef,
Gratien Le Père, Saint-Genis et Dubois,
ingénieurs des ponts et chaussées, chargés
des opérations préliminaires de l'ancien canal
de jonction des deux mers, sont repartis du
Kaire, le 26 nivôse an 7, pour Souès où
ils sont arrivés le 29. Pendant douze jours
qu'ils y ont passé, ils ont fait les opérations
relatives aux plans, marées et établissement
de ce port sur la mer Rouge. Partis de

Souès , le 12 pluviôse , avec une escorte de quarante hommes de troupes militaires , ils ont nivelé et relevé le plan de cinq lieues de vestiges de cet ancien canal ; ils ont nivelé cinq autres lieues, mais hors du canal dont ils avaient perdu les traces. Le manque absolu d'eau les força de marcher droit à la vallée de *Sebahh Byar* (les sept puits.) Dans leur marche , ils ont donné la chasse à une caravane des Arabes de la tribu ennemie, dite *el-Ouatach*. Arrivés dans la vallée , au dessus d'*Abou Cheyb* , ils l'ont traversée, et retrouvé les vestiges de l'ancien canal qu'ils ont suivi jusqu'à *Habassa* qui offre les ruines d'une ancienne ville , distante , au nord-est , de trois lieues de Belbeys. Ils sont revenus au Kaire , le 20 pluviôse , pour y prendre de nouveaux moyens de terminer le nivellement des deux mers par l'ancien canal (1).

(Extrait du Courier d'Egypte.)

---

(1) Cet important travail a été effectivement terminé dans un troisième voyage.

Pierre trouvée à Rosette.

Parmi les travaux de fortification que le citoyen Dhautpoul , chef de bataillon du génie, a fait faire à l'ancien fort de *Rachyd*, aujourd'hui nommé *Fort-Julien* , situé sur la rive gauche du Nil, à trois mille toises du Boghaz , de la branche de Rosette , il a été trouvé dans des fouilles une pierre d'un très-beau granit noir , d'un grain très-fin, très-dur au marteau. Les dimensions sont de 56 pouces de hauteur, de 28 pouces de largeur , et de 9 à 10 pouces d'épaisseur. Une seule face bien polie offre trois inscriptions distinctes et séparées en trois bandes parallèles. La première et supérieure est écrite en caractères hiéroglyphiques : on y trouve quatorze lignes de caractères , mais dont une partie est perdue par une cassure de la pierre. La seconde et intermédiaire est en caractères que l'on croit être syriaques (1) : on y compte trente-deux

______

(1) Lorsque cette pierre fut déposée à l'Institut d'Egypte , le citoyen Marcel et moi en tirâmes quelques

lignes. La troisième et dernière est écrite en grec : on y compte cinquante - quatre lignes de caractères très - fins, très - bien sculptés, et qui, comme ceux des deux autres inscriptions supérieures, sont très-bien conservés,

(Extrait d'une lettre de Rosette.)

Sur le voyage du citoyen Denon dans la haute Egypte.

Le citoyen Denon est de retour de l'Egypte supérieure ; il en rapporte une collection de plus de deux cens dessins, tant vues que plans, détails d'architecture, de monumens, d'hiéroglyphes, etc. Son voyage a duré huit mois ; il partit avec l'armée

---

exemplaires, dont un fut donné au général Dugua qui le présenta à l'Institut national, à son retour en France. Le citoyen Marcel; ayant perdu son exemplaire au siège, je lui cédai le mien. Suivant lui, ces caractères ne sont point syriaques, mais cursifs, c'est-à-dire un ancien caractère arabe.

chargée de conquérir la haute Egypte. Obligé, pour sa sûreté, d'en suivre les mouvemens, il n'eut pas toujours le temps nécessaire pour finir son travail ; mais des marches répétées l'ayant ramené plusieurs fois vers les mêmes objets, il a été dans le cas, non seulement de terminer ses esquisses, mais encore de faire de nouvelles observations, et de multiplier les dessins des localités qui présentent des objets dignes d'être étudiés. C'est ainsi qu'il a vu sept fois les ruines de Thèbes, qu'il a fait dix voyages à Tintyris, quatre à Edfou (l'ancienne *Appolinopolis Magna*), et autant à Philé. Le citoyen Denon a séjourné pendant un mois à Syène, il en a dessiné tous les monumens, et copié tous les hiéroglyphes qu'il est allé chercher jusques dans le désert, sur les rochers de granit, et dans les carrières d'où sont sortis ces obélisques et ces masses colossales qui font depuis tant de siècles l'étonnement du monde.

Le citoyen Denon a réuni dans sa collection tout ce qui peut contribuer à éclairer l'Europe sur les anciens Egyptiens, sur leurs divinités, leurs sacrifices, leurs cérémonies, l'appareil de leurs fêtes, les triomphes de leurs héros, leurs armes, leurs instrumens de musique et leurs meubles.

La plus précieuse de ses découvertes est celle d'un manuscrit sur papyrus, qu'il a trouvé sous l'aisselle d'une momie. L'écriture est hiéroglyphique. Ce manuscrit est le plus ancien dont on ait jamais parlé : son antiquité, au moins égale à celle des pyramides, remonte au delà des temps historiques. Le citoyen Denon se propose de le donner à la bibliothèque nationale.

(Extrait du Courier d'Egypte.)

Extrait d'une lettre du citoyen Descotils, membre de l'Institut d'Egypte, sur les ruines de Dendérah.

Le citoyen Denon nous a montré la nombreuse et belle collection des dessins qu'il a faits dans son voyage. Ceux de Dendérah ont beaucoup augmenté le desir que nous avions de voir ce superbe reste des arts

égyptiens. Nous n'avions que trois quarts
de lieue à faire de l'autre côté du fleuve,
pour satisfaire notre curiosité ; nous y avons
été aussitôt qu'on a pu nous donner une
escorte. Nous nous étions formé une grande
idée de ces ruines , mais elles sont infiniment plus belles que nous ne nous l'étions
figuré. Les ruines de Dendérah consistent
en quatre temples et trois portes isolées.
C'est le grand temple qui est le plus intéressant et le mieux conservé. Il a quatre-
vingt-un mètres de longueur sur trente-six
à peu près de largeur ; il est composé de
deux parties. L'extérieur est un portique
de vingt-quatre colonnes qui sont disposées
sur six de front et quatre de profondeur.

Les colonnes ont près de dix-sept mètres
de haut sur deux de diamètre au dessous
du chapiteau : elles sont coniques. Le piédestal est un cilindre d'un diamètre plus
grand que le bas de la colonne. Au dessous
sont deux espèces de socles de peu d'épaisseur, et dont l'inférieur saille de quelques
centimètres sur celui qui se trouve au dessus.
Le chapiteau est composé de quatre figures

sur

sur lesquelles se trouve un cube dont les quatre faces verticales présentent quatre bas-reliefs.

La seconde partie du temple, qui est moins élevée et moins large que le portique, renferme plusieurs salles qui se communiquent, et qui ne reçoivent le jour que par des soupiraux fort étroits. Au dessus sont plusieurs cabinets qui, comme tout le reste de l'édifice des deux autres temples et des trois portes, sont couverts d'hiéroglyphes et de figures. Les choses les plus remarquables qu'on voit dans ces hiéroglyphes qui presque tous sont saillans sur le fond, sont deux zodiaques : l'un se trouve dans un des cabinets supérieurs, l'autre est au plafond du portique Le premier est un cercle rempli de figures d'hommes et d'animaux parmi lesquels on distingue, disposés en rond, un bélier, un taureau, deux hommes assez voisins, une écrevisse, un lion, un fermier qui tient un épi, une balance, un scorpion, un centaure avec des aîles, la tête couverte d'une espèce de mitre, et lançant une flèche à l'aide d'un arc qui a la forme de ceux qu'on vend au Kaire ; un animal dont la tête est d'un bouc, et le reste du corps d'un poisson; un homme qui tient un vase de chaque main, et qui verse de l'eau figurée par un *sig-sag* semblable à celui par lequel on désigne encore le verseau; enfin, deux poissons liés par la queue, à l'aide d'un ruban. Les autres figures représentées sur le cercle sont pour la plupart environnées d'étoiles disposées de différentes manières. Autour de ce cercle sont douze figures qui paraissent soutenir cette espèce d'atlas céleste.

Le grand zodiaque (1) disposé en bandes droites, et dans le même ordre que le précédent. Le lion se trouve le premier à droite avec les cinq signes qui le suivent; à gauche sont les six autres qui n'offrent d'autre particularité que le déplacement du signe du cancer qui se trouve un peu au dessus des pieds d'une figure singulière dont

____

(1) Le citoyen **Castex** a modelé en cire ce zodiaque réduit au tiers. Cet artiste distingué a fait aussi une petite copie du colosse de Memnon, et un petit crocodile d'après nature

le corps embrasse les six de la droite : ses pieds, sa tête et ses bras seulement sont sculptés ; le reste de son corps est peint, et offre ces mêmes *zig-zags* qui paraissent indiquer l'eau. Le soleil se trouve tout à côté du cancer : cela paraîtrait avoir quelque rapport avec l'inondation du Nil. Ces signes ne sont pas seuls dans la zone qui les renferme ; il y a beaucoup de figures entourées d'étoiles qui sont sans doute des constellations.

Ces objets donnent une haute idée de la science astronomique des Egyptiens, et font regretter que l'on ait perdu la langue hiéroglyfique. Il n'y a pas, je crois, d'endroit où l'on trouve un livre plus étendu qu'à Dendérah. Tous les murs, les plafonds, les colonnes des trois temples et des trois portes sont couverts de figures et d'hiéroglyphes qui n'ont souvent que deux ou trois centimètres de hauteur. L'on peut sans crainte évaluer à douze mille mètres carrés la surface couverte de sculpture. Beaucoup de figures ont été détruites par le ciseau ; il ne reste pas une figure des chapiteaux entière : celles des murailles sont détruites avec le même soin jusqu'à une grande hauteur. Des dessins semblables à ceux qu'on voit quelquefois en France sur les murailles, et qui représentent des hommes avec des croix, feraient croire que c'est au fanatisme chrétien qu'on doit la mutilation d'un des plus beaux monumens qui soient sur la terre. Les figures qui n'ont point été détruites annoncent un grand talent dans les artistes. On ne pourrait, sans écrire un gros volume, faire une description détaillée de ces monumens : on y retrouve beaucoup d'ornemens qui ont été pris par les Grecs ; les mascarons, l'éternelle palmette, et cet ornement auquel on a donné donné depuis le nom de volute grecque.

Extrait d'une lettre du citoyen Rouyère, sur la haute Egypte.

Les bords du Nil sont d'une monotonie fatigante. Nous avons visité Beni-Ssouef,

Minyéh et Manfalout. Minyéh est la plus remarquable de ces trois villes ; il y a de nombreuses fabriques de toile. Nous nous sommes ensuite arrêtés près de l'ancienne Antinoë dont les ruines sont majestueuses et d'un très-bon goût : il y a des membres de la commision qui les ont étudiées avec soin , et qui les feront connaître dans de grands détails , et beaucoup mieux que je ne pourrais le faire. Ce travail sera d'autant plus intéressant que le citoyen Denon n'a pas vu ces objets. Nous avons ensuite trouvé dans la chaîne des montagnes d'Arabie un grand nombre de grottes taillées dans le roc , et chargées d'hiéroglyphes : nous en avons aussi trouvé d'autres dans une montagne derrière Syouth ; celles-ci sont remplies de momies, et fouillées journellement par les paysans. Syouth est assez joli ; il est maintenant entouré d'eau. Je n'y ai vu de particulier , que quelques manufactures de poteries très-communes.

Extrait d'une lettre du citoyen Chabrol, sur le même sujet.

La petite ville de Minyéh est assez jolie, et ne ressemble en rien aux misérables villages de la basse Egypte. On ne voit ici rien de curieux, seulement quelques grottes taillées, et le rapprochement ou l'élargissement de la vallée qui offre sur ses bords, tantôt l'aspect de l'aridité la plus affreuse, tantôt celui de l'abondance et de la fertilité. L'inondation ne nous a pas permis de voir le beau portique d'*Achmouneyn*. Nous visitâmes après les ruines de l'ancienne Antinoë, aujourd'hui *cheykh A'badéh* : c'est ici que, malgré le sentiment de l'amour propre national, l'on prend une grande idée de la supériorité des anciens sur nous.

Les restes magnifiques de l'ancienne Antinoë offrent deux grandes rues qui, perpendiculaires entr'elles, traversaient la ville du nord au midi, et de l'est à l'ouest. Quatre superbes portiques en formaient l'entrée :

deux restent encore presqu'en leur entier.
Au milieu de la ville est une belle place,
où l'on voit quatre grandes colonnes fort
riches, mais d'un assez mauvais goût. Un
de ces portiques paraît avoir conduit à
un théâtre de forme demi-circulaire, entièrement ruiné. La rue qui conduisait à
ce portique, était bordée de colonnes de
pœstum, qui formaient sans doute des
galeries à droite et à gauche, dans une
longueur de plus de huit cens pas. La
ville paraît avoir été traversée par un très-
beau canal qui la contournait. Voilà quel
paraît en avoir été le plan général. Le reste
de l'emplacement de la ville, offre une
grande quantité de colonnes brisées, debout
ou renversées, de granit ou de pierres
numismales. Parmi tant de ruines, on
remarque celle d'un bain magnifique ; à
l'entrée est un bassin creusé dans une seule
pierre de plus de vingt pieds de diamètre.
Nous avons pris les mesures d'un nilomètre,
situé près de deux monumens les mieux
conservés. Nous espérons, à notre retour,
lever le plan de cette ville romaine, et

M 4

donner quelques idées de la magnificence de l'empereur Adrien.

Nous avons aussi retrouvé le buste d'Antinoüs, son favori.

Extrait d'une lettre du citoyen Delile, au citoyen Marcel, sur le même sujet.

Il y a six jours que nous sommes en route sur le Nil. Jusqu'ici, nous avons fort bien employé notre temps. Le vent est, dans la saison présente, le plus favorable pour remonter le fleuve; et voulant en profiter, pour ne point éprouver de retard inutile, nous n'avons fait, depuis notre départ du Kaire, que de fort courtes pauses. Une journée presqu'entière que nous avons passée sous les ruines de l'ancienne Antinoë, ne nous a point suffi pour achever les dessins des parties de temples subsistantes encore. L'emplacement de cette belle ville se trouve au dessus d'un village appelé *cheykh A'badéh*. De dessus le Nil, on découvre les sommets des colonnes que l'on s'empresse d'aller admirer : il faut, pour cela, franchir des décombres de briques , et des monceaux de fragmens d'ancienne poterie. Un arc triomphal à trois portes , un péristile de colonnes de granit , des allées , des rues tirées au cordeau , et qui toutes se coupent à angle droit , les piedestaux et la colonne élancée sur la base de laquelle est gravée l'inscription grecque qui annonce qu'elle fut dédiée à l'empereur Marc-Aurèle ; le plan reconnaissable d'un théâtre , une vaste cuve d'une seule pierre , sont, en général , les objets qu'on s'arrête à considérer d'abord involontairement , et sur lesquels l'œil se fixe ensuite avec cette satisfaction et cette admiration tranquille qu'inspirent toujours les restes de ces beaux monumens de l'antiquité.

Extrait d'une lettre du citoyen Pugnet ,
Médecin de l'armée.

Il paraît que le climat de la haute Egypte est plus salubre que celui de la basse, et que cette différence résulte de la prédominence de la chaleur sur l'humidité de l'atmosphère.

Je n'ai point vu de médailles antérieures à Constantin, quoiqu'il y en ait cependant ; mais celles de cet empereur sont si communes, qu'elles circulent dans presque toute la haute Egypte, sous le titre de *gdyd* ou fraction de parat.

On voit sur beaucoup de monumens des figures humaines très-bien faites, et qui ont une ressemblance frappante avec les traits des habitans actuels et sur-tout des Cobtes qui sont très-nombreux.

Il n'y a presque pas à douter que l innombrables grottes creusées dans l'une et l'autre montagne qui encaissent le Nil, n'aient été pratiquées par les premiers habitans de l'Egypte, qui étaient forcés de se ménager sur les hauteurs un asyle contre les inondations de leur fleuve ; les moines si fameux de la Thébaïde les ont occupées après eux : les uns et les autres y ont laissé des vestiges que le temps et les Arabes n'ont pu effacer.

Extrait d'une lettre du citoyen Pina, au Général Dugua.

Général,

A six lieues au sud de Mansourah, et trois à l'ouest du canal d'*Achmoun* et du village de ce nom, il en existe un moderne appelé *Temay el - Emdid*, qui est adossé à deux mammelons qui annoncent, par les ruines dont ils sont chargés, qu'il y avait autrefois une ville immense : une vallée d'un demi-quart de lieue sépare ces deux monticules, et indique par les plantes aquatiques qu'elle produit, qu'elle contenait un lac.

Sur le promontoire de l'est on remarque le seul monument entier qui existe parmi ces vastes décombres ; c'est une masse de granit creusée en forme de niche, et placée sur une maçonnerie dégradée à sa base, par les fouilles qu'on y a faites : elle surprend par sa grandeur qui m'a paru être de 36 pieds de haut sur 30 de large et 25 de profondeur. Un cordon uni et taillé dans le bloc règne dans l'intérieur seulement, aux trois

quarts de sa hauteur. Elle n'est ornée d'aucunes inscriptions, ni bas-reliefs, ni hiéroglyphes. Aux environs, on remarque trois
autres maçonneries dégradées qui annoncent
avoir supporté d'autres monumens dont les
débris ruinés et méconnaissables sont épars
à leurs bases. On remarque encore une
grande quantité de petites niches éparses
dans les environs, et dont on ne saurait
mieux définir les formes, qu'en les compa-
rant aux baignoires dont nous nous servons
en France.

La tradition du pays ne fournit aucun indice satisfaisant sur cette antiquité qui depuis un temps immémorial n'est plus qu'un
sujet de superstition et de cupidité pour les
habitans et sur-tout les Arabes errans qui
y font des fouilles continuelles, espérant
toujours y trouver des trésors ; mais leurs
peines n'ont été récompensées jusqu'à ce
jour, dit-on, que par la trouvaille de quelques médailles que je n'ai pu me procurer
dans les villages environnans.

Tels sont, général, les seuls renseignemens qu'un demi-quart d'heure de séjour
sur les lieux me laisse la faculté de vous

donner. Je suis persuadé qu'un observateur plus instruit, qui serait maître de son temps, et aurait des moyens à employer, ferait des découvertes plus intéressantes parmi ces ruines immenses.

Notice sur les ruines de Temay el-Emdid, par le citoyen Chanaleille.

Trois lieues au sud sud-est de Mansourah, et à un mille du village de *Temay el-Emdid*, on trouve une grande levée de terre, qui, de loin, se dessine dans la plaine, comme un vaste côteau, sur une étendue de trois quarts de lieue du nord-est au sud-ouest : ce sont les ruines ou décombres d'une ancienne ville qui dût être puissante, mais que nous ne saurions toutefois rapporter à aucun nom de l'ancienne géographie d'E-gypte.

Un seul monument y demeure assis au milieu de monceaux de têts de pots et de fragmens de briques : c'est un quartier de

beau granit rouge et noir, quadrangulaire
et creusé en forme de sanctuaire. Sa hauteur
est de vingt-cinq pieds neuf pouces sur une
profondeur de douze pieds six pouces. Il
repose sur une base de même granit dont le
bloc défiguré a seize pieds de longueur sur
douze de large et quatre d'épaisseur : ses
faces sont lisses et sans hiéroglyphes. Un
simple cordon règne transversalement dans
l'intérieur aux deux tiers de la hauteur.
L'ouverture est au levant, et se trouve con-
tournée d'une rainure qui servait probablement à recevoir une porte.   .

Ce monolite appartenait sans doute à un
oracle célèbre.

Beaucoup de morceaux de granit épars,
et plusieurs sarcophages, les uns entiers,
d'autres brisés et renversés, placés autour
du monolite, attestent qu'il servait de centre
à un édifice considérable, ou qu'il contri-
buait à son ordonnance.

Ces sarcophages de granit noir que j'ai
compté jusqu'au nombre de vingt-huit,
ont tous les mêmes dimensions, c'est-à-dire
deux pieds cinq pouces six lignes de creux,
et une longueur d'orifice de trois pieds dix

pouces six lignes , sur une largeur de deux pieds sept pouces six lignes.

Ces dimensions semblent témoigner elles-mêmes le culte auquel étaient destinés les sarcophages ; ce fut sans doute à celui d'Anubis dont les Egyptiens représentaient le dieu avec une tête de chien placée sur un corps humain, en adorant, pour son emblême vivant , le chien même qu'ils nourrissaient d'alimens sacrés , et dont ils embaumaient le corps.

Un tronçon de statue de granit noir , trouvé près du monolite, et que j'ai avec moi, ajoute , ce me semble, à la présomption que je viens de former touchant le culte auquel ont servi ces sarcophages.

Ce tronçon , dont la hauteur est d'un pied et demi , n'est autre chose que le buste humain d'une divinité dont la tête, quoique tronquée, paraît évidemment avoir été celle du chien. La statue est assise, et tient d'une main , devant elle , l'image du Sphinx qu'elle présente à l'adoration , tandis que la droite , ouverte et placée au dessus de l'image, semble attendre et solliciter l'offrande. Une plate-bande chargée d'hiéroglyphes, sert de dossier à ce reste d'antiquité, qui n'offre, d'ailleurs, rien que d'informe sous le rapport de la composition et du dessin.

La superstition qui, pour ne pas perdre ses droits sur la terre, semble obéir à l'inconstance des hommes par le changement de ses idoles et de ses autels, a élevé de nos jours, sur les lieux mêmes où l'on adorait Anubis, une petite mosquée fameuse par le tombeau qu'elle renferme d'un santon appelé *Emir A'bd-Allah*, dont les prétendus miracles attirent, au 8 du mois de dylhhadjéh, un concours considérable d'Arabes et habitans du Charkyéh. Ceux-là, mêlant à leur dévotion, cette cupidité qui forme un des principaux traits de leur caractère, ne quittent jamais les ruines de Temay el-Emdid, sans y avoir cherché de l'or qu'ils croient caché dans l'intérieur des plus grosses masses; et c'est pourquoi ils les rompent et les mettent en morceaux aussi souvent qu'ils le peuvent. Leurs tentatives, pour renverser le monolite de Temay el-Emdid, sont faciles à reconnaître.

Le pays qui environne les ruines est faiblement

faiblement arrosé , et par conséquent peu fertile : les eaux du Nil s'y rendaient autrefois par un canal tiré de celui de Moës, dont les traces manifestes se retrouvent à une petite lieue sud sud-est de Temay el-Emdid.

Ce canal, qui depuis long-temps est à sec, est aujourd'hui le sujet d'une tradition puérile que conservent cependant les habitans les plus graves. Ils racontent que, du temps des dynasties égyptiennes , le prince qui régnait à Temay el-Emdid, pauvre dans ses états trop éloignés de l'inondation , mais riche de la possession d'une fille dont la beauté parfaite attirait tous les vœux, mit à prix la main de cette fille *** : ce prix fut la condition de venir *** la recevoir à Temay. Le succès allait répondre à l'attente du vieux prince : un canal tiré de celui de Moës avait été entrepris par un jeune prince voisin qui se hâtait d'arriver à Temay , lorsqu'un rival , fourbe autant que passionné , y parut tout à coup traîné dans une barque portée sur des roues.

Les Dieux furent pris à témoin, et jugèrent que la condition était remplie. C'est ainsi, dit-on, que le canal qui devait arriver à Temay el-Emdid fut en partie creusé ensuite délaissé.

DESSINS DU CITOYEN REDOUTÉ.

Ile de Philéh.

Un tableau en bas-relief colorié, placé à la partie latérale et intérieure, à droite en entrant dans le temple : il est composé de trois figures, dont une faisant une offrande. Des chapiteaux du même temple, avec leurs couleurs.

Ile d'Eléphantine.

Un bas-relief occupant le côté gauche de la première salle du temple ; il représente une châsse portée sur un bateau qui repose sur un socle : plusieurs figures dans le bateau sont en adoration devant cette châsse ; en face et au dehors du bateau est un prêtre qui fait une libation, brûle de l'encens , et adresse une offrande de divers alimens.

Koum-Ombos.

Un bas-relief placé sur le revers de la première porte du petit temple qui avoisine le Nil : il est composé de quatre figures, dont une debout faisant le sacrifice d'un serpent , en présence d'Harpocrate assis sur un tige de lotus.

Edfou.

Un bas-relief placé sur la face intérieure du temple, entre la corniche et le plafond : il est composé de plusieurs figures dans un bateau ; l'une d'elles perce de sa lance un homme placé hors du bateau.

Le bas-relief qui se trouve au bas, et qui s'étend sur toute la largeur de la face , fait partie de la néoménie dont la suite est dessinée par plusieurs autres personnes.

Esnéh.

Un bas-relief placé dans le premier entre-colonnement , à droite en entrant : il représente une figure assise, portée par six hommes à tête d'animaux ; au dessus est un prêtre à genoux, adressant une offrande de quatre béliers ; au dessous deux femmes portent sur un guéridon divers alimens.

Arment.

Un bas-relief de la partie intérieure et latérale, à gauche en entrant au temple : il représente trois figures dont une allaitant un enfant ; les deux autres, placées derrière elle, lui présentent chacune une croix à anse.

Luxor.

Dessin du colosse de granit, placé à droite et en avant du môle : il est vu de trois côtés.

Karnak.

Un bas-relief colorié, placé à l'extérieur et sur le côté droit de la construction de granit qui termine le grand palais : il représente en quatre tableaux diverses cérémonies d'une initiation.

Un bas-relief sculpté sur la muraille de la gauche du couloir qui environne la construction de granit : il représente divers ornemens et meubles des Egyptiens.

Un bas-relief représentant différentes figures hiéroglyphiques avec leurs couleurs : il est placé sur la face intérieure d'un des pilastres du dernier corps du bâtiment dépendant du palais.

Un bas-relief placé sur la face intérieure de la salle, à gauche du petit temple de Karnak : il est composé de plusieurs figures dont une couchée sur un lit.

Tombeaux des rois de Thèbes.

Un bas-relief représentant une figure symbolique avec ses couleurs : elle est dans l'embrâsure de la porte d'une des grottes.

Medinet-Abou.

Un grand bas-relief avec ses couleurs, placé sur la muraille, à gauche de la cour du palais : il représente le triomphe d'un héros égyptien ; il est assis dans son char,

N 3

et on amène devant lui des prisonniers liés trois à trois : quelques hommes sont occupés à compter les mains et les parties génitales des hommes tués sur le champ de bataille.

Dendérah.

Un grand bas-relief placé sur toute la gauche de l'intérieur du portique du temple : il est composé de plusieurs tableaux de trois à quatre figures présentant des offrandes.

Enfin, environ soixante vases dessinés d'après les bas reliefs recueillis dans les différens monumens. Plusieurs sont représentés avec leurs couleurs.

DESSINS DU CITOYEN BALZAC.

Île de Philéh.

Vue générale de l'île et de ses monumens ; dessin représentant sur la face de l'ouest du grand môle, un sacrificateur qui offre à une divinité quatre hommes enfilés avec la même lance, les jambes et les bras liés derrière le dos.

Sur la face du nord, huit prêtres portant sur un brancard un bateau au milieu duquel est une châsse renfermant les divers attributs de la divinité.

Sous le portique, à droite du grand môle, un prêtre se dispose à conduire un traîneau portant dans un bateau l'épervier sacré : Isis et Osiris sont derrière ; six enseignes et un souffleur d'encens sont en avant.

Dans un cabinet, sous le même portique, un cynocéphale écrit avec un stylet sur un volumen.

Portique à gauche, Thôt instruit Harpocrate ; Isis l'invite à l'attention ; un prêtre apporte le volumen.

Portique à gauche du petit temple, Orus assis dans une tribune, et porté par un lion, reçoit d'Isis et d'un prêtre les emblèmes du pouvoir.

Dans la seconde pièce du petit temple, plusieurs femmes à genoux, coiffées de fleurs de lotus, tournées vers la divinité du temple , offrent , sur un plateau , des fruits et des vases portant la fleur du lotus.

Dans le vestibule du grand temple ; offrande à Harpocrate] qui porte un fouet et un fléau.

Quatrième pièce du grand temple ; deux divinités placent le bonnet de sacrificateur sur la tête d'un initié.

Sur une colonne du vestibule ; deux sacrificateurs percent chacun avec une lance un homme abattu à leurs pieds.

Face extérieure du grand temple , côté de l'ouest ; un sacrificateur, en présence de quatre divinités , se dispose à frapper de sa hache trente prisonniers.

Petit oratoire : cérémonie funèbre, relative à la découverte du corps d'Osiris.

Sur une des faces du même oratoire ; l'épervier sacré , posé sur une tige ; cinq figures de prêtres et prêtresses en adoration devant lui : plus loin, Thôt trace avec un stylet dix colonnes d'hiéroglyphes ; deux tableaux qui sont au dessus , représentent six divinités assises , et deux figures debout.

Ile d'Eléphantine.

Vue d'un petit temple près duquel se trouve la statue d'Osiris, figure en granit gris, de dix pieds de proportion : sous le portique, à droite du temple, une offrande de quatre bœufs à Mendès.

Koum-Ombos.

Les restes d'un petit temple, au dessus d'une porte : huit figures offrant à Harpocrate les divers attributs de la divinité ; offrande de trois oies à Harpocrate, derrière lequel se trouve la figure du bon génie.

Edfou.

Vue générale du temple et du village.
Motif principal de la frise du grand temple, représentant un globe qui enveloppe de ses ailes un médaillon sur lequel est gravé un scarabée ailé, portant deux têtes, l'une d'épervier mitré, l'autre de bélier.

Dans l'intérieur du petit temple, une offrande de deux croix à anses, à Isis.

Deux tableaux contigus , l'un représentant Isis et Osiris tenant sur leurs genoux Orus et Bubaste ; l'autre un prêtre en adoration devant Mendès.

Typhon tenant en son pouvoir le jeune Harpocrate : plusieurs femmes écartent leurs enfans à son approche.

Vues intérieures de deux chapelles dans les rochers de Silésily , sur les bords du Nil.

Egséh.

Fragmens de figures trouvées dans les ruines d'un temple.

Grottes d'Eléabréh.

Détails de l'embaumement et du deuil ; musiciens faisant partie d'une cérémonie funéraire.

Enmontis.

Deux vues du temple.

Esnéh.

Offrande à un crocodile.

Bas-relief composé de trois figures.

Trois figures d'hommes et une de femme, présentant à Thôt des poissons, des oiseaux et des plantes.

Luxor.

Vue générale, prise de l'île en face de Luxor.

Vue perspective, prise devant le grand môle.

Vue perspective, prise derrière le grand môle.

Dessins des deux colonnes.

Karnak.

Vue générale, prise entre les portes du nord et de l'est.

Vues du palais, l'une prise du côté du sud, l'autre du côté de l'est.

Vue de la porte du palais.

Vue intérieure de la grande salle du palais.

Vue d'un grand môle ruiné.

Vue de la porte du sud, et d'une allée de sphinx.

Détails de sphinx colossaux.

Sur les murs intérieurs, un héros monté sur un char entouré d'ennemis qui implorent sa clémence ; un héros accordant la paix aux vaincus ; un vainqueur présente des prisonniers à trois divinités.

Dans l'intérieur de la grande salle du palais ; un bateau ayant à sa poupe une tête de bélier : sur la proue on voit une châsse décorée de divers attributs, et portée par quarante prêtres.

Memnonium.

Vue générale des restes du palais, prise sur l'angle du sud.

Vue prise d'un autre point.

Vue de deux colosses.

Petit temple d'Isis.

Dessin de porte intérieure d'une chapelle, représentant un bélier à quatre têtes, surmontées d'un disque : un vautour posé sur son dos semble le protéger ; quatre hommes sont en adoration devant lui.

Dans le même lieu, sujet d'histoire, composé de huit figures.

Médinet-Abou.

Vue extérieure, prise de l'angle nord-est.
Vue prise dans l'intérieur des cours.
Vue prise de dessous la porte de la grande cour au fond du palais.

El-Kathyéh.

Dans le temple, Orus assis dans une tribune a posé sur une autel un sphinx; un lion au dessous; offrande d'un prêtre devant la tribune et l'autel.

Tombeaux des rois.

Un femme pinçant de la harpe devant une divinité.

Dendérah.

Vue générale, prise de l'angle sud-ouest.
Frise d'an petit temple : un globe couvrant de ses ailes deux Harpocrates, offrant chacun à un Isis le chapiteau à quatre têtes.
Frise du typhonium, dont les ornemens

représentent successivement Harpocrate assis sur un lotus environné des figures du mauvais génie.

Entablement du grand temple, où le soleil est représenté par un globe ailé, éclairant un disque au centre duquel est une figure accroupie ; des deux côtés du disque sont un Typhon et un serpent mitré, debout chacun sur une table.

Au dessous, Harpocrate en présence de deux Isis : derrière lui est un sphinx.

Différens détails d'ornemens, de portes, de niches et de plafonds.

Gau.

Deux vues du temple d'Anthéopolis.

Syouth.

Vue de la ville de Syouth et de la montagne où sont les grottes.

Vue intérieure d'une grotte.

Akmounem.

Vue perspective du perystile du temple d'*Hermopolis magna*.

Antinoë.

Plan, élévation et vue d'un arc de triomphe.

Bords du Nil.

Vues d'Esnéh, de Minyéh, de Beni-Ssouef, et de plusieurs parties de la chaîne arabique dans lesquelles sont percées des grottes.

Extrait d'une lettre du général Dugua.

Nous sortîmes du Kaire, le 14 frimaire (an 8), pour visiter le Mokatam et le mont Rouge. Les naturalistes ont observé les couches horizontales de pierres coquillaires, de grès, d'argille, qui se succèdent dans l'organisation du Mokatam ; les fossiles, les cristallisations de gypse et de spath pesant répandus entre ces différentes couches ; les insectes et les reptiles qui habitent cette stérile montagne. Les géographes en ont déterminé la position relativement au Kaire et aux pyramides.

Le mont Rouge n'a pas moins excité notre curiosité : c'est une réunion de montagnes de grès, au milieu de rochers et sur une base de pierre calcaire ; elle a au moins une demi lieue de tour. La main des hommes en tire, depuis des siècles, des blocs pour la construction des édifices, des meules, des mortiers, différens ustensiles, et dans le temps moderne, des boulets de canon. On ne trouve plus, pour ainsi dire, sur cette masse noirâtre, que des fragmens et des éclats. Les géographes n'ont monté qu'avec beaucoup de peine sur les points les plus élevés, pour y prendre la suite de leurs triangles. Les botanistes y ont trouvé quelques plantes intéressantes dans les gorges, entr'autres, la rose de Jéricho et une petite oseille. Le vallon qui fait partie du désert qui mène à Birket el-Hadjy est couvert de cailloux agathisés, et de bois pétrifié. Nous revînmes le soir coucher au Kaire.

Le citoyen Girard partit le 20 frimaire avec une bonne escorte, pour aller camper et coucher sur les ruines d'Héliopolis : nous l'y joignîmes le lendemain. Il avait fait faire deux fouilles dans l'esplanade qui est au milieu des ruines ; la première au pied de l'obélisque qui atteste seul l'existence de cette ville célèbre ; la seconde à deux cens toises de distance. Ces fouilles nous ont démontré :

1°. Que le sol de cette esplanade avait été exhaussé autrefois avec des décombres;

2°. Que l'obélisque avait été placé au niveau de ces décombres ;

3°. Que depuis cette époque le terrein de l'esplanade a été élevé d'environ six pieds par les dépôts du Nil, observation qui se rapporte à celles faites auprès des colosses de Thèbes et dans l'île de Raoudah.

Le citoyen Jacotin a levé le plan des ruines, et déterminé leur position géographique. Les citoyens Lancret et Lefebvre ont mesuré la hauteur de l'obélisque. Tout le monde a remarqué les restes d'un long mur d'enceinte en brique crue, qui a encore, dans certains endroits, cinquante pieds d'épaisseur. Héliopolis est une des anciennes villes d'Egypte où il reste le moins de traces de ses édifices. Nous rentrâmes au Kaire le 21.

Les citoyens Nouet, Champy père et fils, Descotils, et plusieurs autres membres de la commission des sciences et des arts, partirent du Kaire, le 24 frimaire, pour les pyramides de Gyzéh ; ils firent décombrer l'entrée de la grande, pour la rendre plus facile. Je m'y rendis le lendemain avec les généraux Reynier, Leclerc, les citoyens Fourier, Costaz et beaucoup de curieux. Nous y restâmes jusqu'à huit heures du matin du 26, pour donner le temps au citoyen Nouet de déterminer la direction d'une des faces par rapport à la ligne nord et sud du monde. Le citoyen Coutelle observa la hauteur du mercure sur les différentes assises, et au haut de ces énormes monumens. Les grottes qui les environnent, les hiéroglyphes qui les couvrent, le sphinx, les différentes vues, et tout ce que ces masses présentent d'intéressant a été décrit et dessiné par les citoyens Dutertre et Coué.

Nous nous rendîmes le même jour à Sakkara où nous arrivâmes vers les deux heures. Un des puits qui servent d'entrée aux

galeries d'où l'on tire les momies d'oiseaux,
était ouvert : on y descendit, on parcourut
ces immenses souterrains, et on vit encore
un nombre incalculable de pots de terre
renfermant les restes des individus emplu-
més qui ont fait l'objet de la vénération des
Egyptiens. Nous parcourûmes la plaine des
momies, terrein aride, couvert de cailloux,
de débris de poterie et d'ossemens, qui,
sans comprendre les pyramides de Gyzéh,
offrent un espace de dix lieues de circuit,
consacré à servir de cimetière à la ville
de Memphis.

Nous partîmes de Sakkara le 27, pour
aller à une lieue de là visiter Methraïne
où, d'après les renseignemens que j'avais
pris, j'avais la certitude de retrouver les
ruines de Memphis. En y arrivant, nous
eûmes la conviction que nous étions sur le
sol de de cette ancienne capitale de l'E-
gypte, par la quantité de blocs de granit
couverts d'hiéroglyphes et de figures qui
se trouvent autour et dans une esplanade
environnée de monceaux de décombres qui
ont trois lieues de circuit. S'il nous était
resté quelques doutes, ils se seraient éva-

nouis à la vue des débris d'un des colosses qu'Hérodote dit avoir été élevés par Sésostris devant une des entrées du temple de Vulcain. Le poignet de ce colosse que le citoyen Costelle a fait enlever, annonce que la statue entière devait avoir quarante-cinq pieds de haut.

Le citoyen Jacotin a relevé le plan de ces ruines, et leur position géographique, et les artistes se sont empressés de dessiner les morceaux de sculpture, et les vues que ce site leur offrait.

Du culte du serpent Asmodée

Paul Lucas a souvent été taxé d'exagération, et on lui a même reproché de s'être souvent écarté de la vérité, particulièrement sur ce qu'il a raconté du serpent Asmodée. Deux de nos concitoyens appelés dans la haute Egypte par des affaires administratives, ont recueilli sur ce point des notions qui confirment la narration de ce voyageur crédule, mais véridique.

A deux époques de l'année, dont l'une précède et l'autre suit l'inondation du Nil, le temple du serpent Asmodée, situé dans une gorge du désert, derrière Rayannéh, en face de Tahhta, est visité par un grand concours de pélerins. Soixante prêtres dont les plus jeunes ont quinze ans, et les plus âgés trente, desservent l'autel du dieu, et veillent à son culte : on jugera s'il n'y a pas même lieu de croire qu'ils participent à ses miracles. La plus grande vertu du serpent sacré est de faire concevoir les femmes stériles, et de chasser les démons du corps des hommes. C'est la première de ces opérations qui occupe le plus les pontifes. Une femme qui veut devenir enceinte, reste vingt-quatre heures dans le temple. Le désenchantement s'opère sur une rampe taillée dans le roc, un peu au dessus du temple. Quand la femme roule du haut en bas sans se blesser, le miracle est consommé ; mais, comme il est encore nécessaire de le consolider par des actions de grace, la femme passe la nuit dans le temple avec un prêtre.

Il serait bien curieux de réunir des détails plus étendus sur un culte probablement très-antique, et qui s'est conservé au

milieu des religions chrétienne et mahomé-
tanne, malgré l'intolérance des sectateurs
et des prêtres de l'une et de l'autre.

Nos deux concitoyens ont aussi observé
diverses grottes taillées dans le roc. L'une,
derrière Cheykh Abady, l'ancienne Antinoë, est si vaste qu'il faut plusieurs heures
pour en parcourir toutes les salles. Ces diverses pièces sont taillées au ciseau, de
même que les couloirs qui les séparent ;
et dans chacune d'elles on trouve des
niches avec des rainures destinées à recevoir des cloisons semblables à celles des
boutiques des bazards actuels.

Ils ont trouvé vers Beny-Hassem, deux
lieues plus au nord, et au dessus du Nil,
une longue suite de grottes dont plusieurs
forment des temples, couvrent des catacombes qu'ils n'ont pas eu le temps de
visiter, mais qui leur ont paru très-étendues;
et où on leur a dit qu'il se trouvait beaucoup de momies. La voûte du plus grand
de ces temples est soutenue par des colonnes
canelées, surmontées de chapiteaux, et
taillées dans le roc. Le murs sont couverts
de peintures bien conservées, qui repré-

sentent diverses scènes de la vie, et notamment plusieurs opérations de l'agriculture. Au fond du temple, dans une espèce de sanctuaire, on voit des statues antiques, mutilées, et semblables aux Egyptiennes. Les scènes peintes sur les murs représentent des usages différens de ceux de l'Egypte actuelle, et qui se trouvent en Europe, tel que celui de scier le bled avec une faucille, celui de porter l'eau dans des sceaux suspendus à un joug sur les épaules, ainsi que le font les porteurs d'eau à Paris, etc. Il reste encore à faire d'importantes observations dans ces immenses excavations dont la rive droite du Nil et même l'intérieur du désert sont remplis.

(Extrait du Courier d'Egypte.)

Notice du citoyen Lancret , en réponse à la précédente.

La notice sur le serpent du Saïd, imprimée dans le *Courier d'Egypte*, est faite pour piquer l'attention des lecteurs, par

O 4

la singularité de la superstition qu'on y a décrite, et par la manière agréable dont elle est racontée. Nous pensons cependant que ses auteurs, en l'offrant au public, n'ont pas cru qu'ils avaient completté l'histoire de cette superstition ; et on ne pouvait pas attendre en effet un travail plus étendu de personnes amies des lettres, mais qui, livrées aux soins administratifs, n'ont pu donner à l'examen de cette curiosité que quelques momens de loisir.

Parmi les choses renfermées dans cet écrit, il y a une sur laquelle on se trouve obligé de faire quelques réflexions ; c'est à l'occasion des éloges qui ont été donnés à Paul Lucas.

Ce voyageur est à la vérité très-crédule, mais il est rarement véridique. Ce n'est pas cependant qu'il ne se trouve dans ses écrits des passages conformes à la vérité ; mais on peut en quelque sorte attribuer cette conformité au hazard ; car il fallait, pour qu'elle eût lieu, que Paul Lucas évitât de tomber dans deux défauts auxquels il était fort enclin : le premier de se laisser facilement tromper, et le second de vouloir tromper son lecteur. Or, on ne voit pas quel défaut il pouvait encore joindre à ceux-ci, pour mériter d'avantage d'être placé dans la dernière classe des voyageurs.

Il y a long-temps que l'on a porté ce jugement sur Paul Lucas, et lui - même avoue que les premiers récits qu'il fit en France, des miracles opérés par le serpent du Saïd, lui attirèrent une foule de plaisanteries. Il reçut depuis l'épithète, un peu dure à la vérité, mais juste, de voyageur imbécile : malheureusement pour lui, elle a été donnée par un fort habile homme, par M. Paw dont les traits portent rarement à faux.

Comme la nature de cette feuille ne me permet pas d'entrer dans les détails de l'histoire du serpent du Saïd, je me bornerai à remarquer que ce n'est sans doute que par allusion, ou peut-être par ironie, que l'on a parlé des prêtres, de l'autel et du temple du serpent ; car rien de semblable n'existe réellement. Quant au nom d'un démon qu'on lui a donné de préférence à celui d'*Harydy* sous lequel il est connu dans le Saïd, voici, à ce qui paraît, ce qui a déterminé Paul Lucas à le nommer ainsi dans ses premiers écrits. Comme il était fort embarrassé pour se rendre raison des nombreux prodiges du serpent, il ne vit rien de mieux que de les attribuer au diable ; et cette explication lui fut fournie par les chrétiens du pays. A l'égard du choix d'Asmodée, qu'il fit entre tous les démons, il y a été déterminé par ce qui est raconté dans la bible, qu'*Asmodée fut exilé pour jamais dans les déserts de la haute Egypte.*

Lorsque les membres de la commission des arts visitèrent l'Egypte supérieure, ils ne négligèrent rien pour s'instruire de toutes les particularités relatives au serpent Harydy : ils firent plus ; car, ils l'achetèrent dans son prétendu temple, et des mains mêmes de ses prêtres.

Cette emplette qui d'abord n'avait été faite que par gaîté, devint bientôt plus intéressante entre les mains des naturalistes : ils reconnurent que ce serpent était d'une espèce qui n'avait point encore été décrite, et en conséquence ils le conservèrent dans l'esprit de vin. Ainsi, sa célébrité n'est pas moins assurée parmi les naturalistes de l'Europe , que parmi le peuple du Saïd.

Au reste , il n'aura pas. été difficile de remplacer ce serpent, car ils sont en grand nombre dans toute la montagne.

La commission avait été conduite dans le rocher où l'on voit le serpent Harydy , non seulement pour y prendre connaissance des superstitions dont le serpent est l'objet , mais encore pour s'assurer si l'on y trouvait du spath pesant , ainsi que cela lui avait été annoncé par plusieurs personnes. Tout examen fait , il s'est trouvé que ce spath était calcaire et non baritique.

C'est uniquement parce qu'on a cité Paul Lucas comme véridique , que j'ai cru devoir apporter quelques modifications aux éloges qu'on lui a donnés. J'ai craint que la réputation qui lui avait été faite par Voltaire , et sur-tout par M. Paw , l'un des critiques les plus instruits, ne fût en partie détruite par l'assertion des auteurs de la notice , assertion qui pouvait acquérir d'autant plus d'importance , qu'elle avait été écrite sur les lieux mêmes visités par Paul Lucas : or , il eût été injuste de lui laisser enlever en si peu de paroles une réputation qu'il a si bien méritée par plusieurs volumes.

A l'égard des remarques que les auteurs de la notice ont faites dans les grottes de Beny-Hassem, je rappellerai que l'usage de la faucille n'est pas inconnu aux Egyptiens modernes, et qu'ils s'en servent pour couper presque tous les fourrages et même les bleds, lorsqu'ils ne peuvent être arrachés facilement.

Observations sur le crocodile, par le citoyen Frank, médecin.

Lorsqu'en Europe il est question de l'Egypte et du Nil, il arrive souvent que l'on parle du danger qu'il y a d'être dévoré par le crocodile. Il n'est pas assez généralement connu que cet animal amphibie ne se voit jamais dans le Nil qui traverse la basse Egypte, et qu'il faut même remonter considérablement dans la Thébaïde, pour le voir. Je n'ai rencontré des crocodiles qu'après avoir outre-passé Gyrgéh. Cet animal sort volontiers du fond de l'eau dans les journées chaudes, et lorsque le Nil est bas, pour se placer sur les bancs de sable que l'on rencontre fréquemment alors. C'est en avril et mai que j'ai voyagé dans le Saïd. Le crocodile se place rarement sur une des rives du fleuve, excepté lorsqu'elle est peu accessible et peu fréquentée. Il paraît qu'il connaît le danger auquel il s'exposerait sans cette précaution. Ordinairement il ne s'éloigne pas plus d'environ six pas de l'eau. Le moindre bruit l'éveille ; il ne m'a jamais été possible de l'approcher à portée du coup de fusil. Au reste, comme cet animal a une écaille très-dure, il est presqu'impossible de le tuer, à moins qu'on ne le blesse précisément sous une épaule. J'ai trouvé à Dendérah un kachef qui s'amusait singulièrement à la chasse du crocodile ; il en avait tué successivement sept que j'ai vus placés sur la terrasse de sa maison, de manière qu'à quelque distance on les aurait crus autant de canons. Si les gens du pays en tuent quelqu'un à coup de fusil, ou l'attrapent

au moyen d'un piège, ils ne sont pas moins
satisfaits que lorsqu'un Européen tue un
loup. Entre la quantité considérable de crocodiles que j'ai rencontrés, soit en montant, soit en descendant le Nil, je n'en ai
pas vu de plus de huit à dix pieds. Prosper
Alpin parle d'un crocodile de trente aunes
de longueur ; mais il est bon de remarquer
que cet auteur n'a pas été dans la haute
Égypte, et qu'il a été probablement trompé
par de faux rapports. Le célèbre Norden dit
en avoir vu de cinquante pieds de longueur :
je pense qu'il s'est trompé également ; car
je n'ai trouvé personne, entre les gens du
pays, qui en ait vu d'aussi grands. Quant
au danger d'être dévoré par cet animal, il
est infiniment moindre qu'on ne le croit ordinairement. Il paraît, en général, redouter
l'homme ; car il n'aime pas les lieux habités : aussi, plus on remonte vers les cata-
ractes, plus ils sont fréquens. L'indifférence
avec laquelle les habitans et leurs enfans
s'amusent dans l'eau, et se promènent sur
la rive du Nil, m'a prouvé qu'ils ne redou-
tent pas le crocodile. Si toutefois l'occasion

favorable se présente , cet animal astucieux s'empare par surprise d'un mouton , d'une chèvre , d'un âne , etc., et quelquefois d'un enfant qu'il tire vers le milieu et au fond du fleuve. Dans un seul endroit où les femmes ont coutume de remplir leurs vases d'eau , j'ai vu une palissade semi-circulaire de joncs , destinée à empécher le crocodile de faire du mal ; car il avait , dans cet endroit , saisi et arraché la mamelle pendante d'une femme , dans le moment qu'elle se baissait pour remplir sa cruche d'eau.

Une dernière observation sur le crocodile assez singulière , est que cet animal , lorsqu'il reste hors de l'eau , est presque toujours entouré de grands oiseaux , entre lesquels j'ai constamment distingué le pélican. Quel étrange rapport entre ces animaux si différens ! C'est un fait connu que le héron blanc ou le garde-bœuf sympathise singulièrement avec les buffles , les vaches et les bœufs. Existerait-il une égale sympathie entre ces oiseaux , mais particulièrement entre le pélican et le crocodile ?

Reconnaissance faite à la tour des Arabes.

Dans un voyage que le général Friant avait fait à la tour des Arabes, à dix lieues à l'ouest d'Alexandrie, il fit la reconnaissance de quelques monumens intéressans ; ce qui détermina le général en chef Menou à envoyer sur les lieux une commission pour en prendre les dessins, ainsi que les mesures exactes de ces ruines.

En conséquence, le citoyen Le Pere, directeur des ponts et chaussées, et les ingénieurs Faye, Lancret et Chabrol qui se trouvaient réunis après une tournée dans les provinces de Rosette et de la Bahhyréh, sont partis, le 4 pluviôse, d'Alexandrie, avec une escorte sous les ordres de l'adjudant-commandant Martinet.

La route qu'ils ont suivie est tracée sur les bords du lac Maréotis jusqu'à la hauteur du Marabou ; ensuite, en tournant au nord, et franchissant la colline, elle débouche dans une petite vallée où l'on trouve de très-bonne eau. C'est la tribu des Oulad-A'ly

qui

qui y campe en ce moment , et y fait paître
ses troupeaux. Cette vallée est formée, du
côté de la mer, par un rideau de dunes de
sable très - blanc, peu élevées ; du côté du
lac , par une colline de roche calcaire,
dans laquelle on voit beaucoup de belles
carrières qui ont servi à la construction
d'Alexandrie. Les pierres étaient trans-
portées des carrières aux bords du lac où
elles étaient embarquées.

Les ingénieurs ont levé les plans de la
route ; ils y ont placé les vestiges d'anciennes constructions dont elle est couverte,
ainsi que les puits qui y sont très-nombreux.
Ils se proposaient de tourner le lac , et d'en
déterminer l'étendue ; il est resserré en cet
endroit entre la montagne dont nous avons
parlé et une autre chaîne parallèle à une
lieue moyenne de distance au sud ; il forme
une vallée profonde qui paraît s'étendre
fort loin vers l'ouest : les circonstances ne
leur ont pas permis d'achever cette reconnaissance. Le point où ils se sont arrêtés
est appelé Aboussyr par les Arabes. Il paraît
convenir au site de l'ancienne Taposiris et
de Plinthynéh.

On y trouve deux monumens : le premier que nous nommons Tour des Arabes, est appelé *A'amoud* ou colonne. C'était en effet une colonne élevée sur un socle carré, portant un piédestal octogone : elle est presqu'entièrement renversée. Elle servait sans doute de phare ou d'amer aux vaisseaux ; les dunes qui s'effacent en cet endroit rendent la plage très-basse et fort dangereuse.

Les traces d'un escalier qu'on voit à l'extérieur sur la face du piédestal, au nord, font présumer qu'on devait y monter, pour y allumer des feux, ou pour faire des signaux.

Le second monument qui est à 400 mètres à l'ouest, offre une grande enceinte carrée de 80 mètres de côté, dont les murs ont encore, sur plusieurs points, 15 à 20 mètres d'élévation. On y entre par un grand môle. Ce monument, au premier coup-d'œil, paraît égyptien; cependant on voit, à la construction et aux débris de quelques colonnes doriques dans l'intérieur, qu'il a été construit par les Grecs, de même que le premier, mais qu'ils ont imité dans celui-ci le goût égyptien.

La montagne sur laquelle sont bâtis ces monumens est remplie de carrières et de catacombes peu curieuses : on y remarque seulement quelques corniches égyptiennes.

Les dessins de ces monumens donnent une idée exacte de ces ruines ; ils entreront dans la collection des travaux de ce genre.

(Extrait du Courier d'Egypte.)

Sur la formation de l'isthme de Souès ; et la salure du sol de l'Egypte, par le citoyen Girard.

Quelques philosophes, à l'opinion desquels s'est rangé le citoyen Dolomieu, notre respectable collègue et honorable ami, ont attribué à des marées extraordinaires la submersion presqu'universelle qu'éprouva notre globe à une certaine époque. Cette explication d'une catastrophe dont on retrouve presque par-tout des témoignages irrécusables, et dont la tradition a conservé le souvenir parmi les hommes, semble d'autant plus admissible, qu'elle ne suppose rien de surnaturel, et que les marées dont il s'agit, furent l'effet simple et nécessaire de quelque grand phénomène astronomique qui les produirait encore, s'il se manifestait de nouveau.

Pendant que les eaux de la Méditerranée, venues de l'océan atlantique par le détroit de Gibraltar, se portaient à l'est jusqu'au pied du mont Liban, celles de l'océan indien pénétraient dans le golfe Arabique par le détroit de *Bab-el-mandel*, se dirigeant du sud-est au nord-ouest sur les côtes de la Natolie. Ces deux courans étaient animés d'une assez grande vîtesse pour entraîner les débris des côtes qu'ils baignaient; mais cette vîtesse ayant été en partie détruite à leur rencontre, il s'établit entr'eux une sorte d'équilibre en vertu duquel les matières qu'ils retenaient suspendues, se déposèrent dans tout l'espace que l'isthme de Souès occupe aujourd'hui.

Le gissement de cet isthme, et son étendue, se trouvèrent ainsi fixés par l'énergie et les directions respectives de ces deux courans. On conçoit en effet que si leurs quan-

tités de mouvement, et leurs directions, n'eussent point été telles qu'elles ont été vérita-
blement ; que si , par exemple, les eaux de
l'océan occidental eussent rencontré celles
de la mer des Indes en tout autre endroit
du golfe Arabique , c'eût été là que l'isthme
se serait formé ; et dans cette hypothèse ,
les côtes de l'Egypte et de la Syrie seraient
tout autrement configurées.

Ces grandes oscillations des mers ne ces-
sèrent point subitement ; elles diminuèrent
peu à peu, jusqu'à ce que l'ordre actuel le
fût établi par la disparution du phénomène qui les avait occasionnées. A mesure
que leur amplitude devint moindre , des
portions du continent qu'elles avaient jusqu'alors submergées par intervalles , furent
définitivement mises à sec , et ces terres
imprégnées plus ou moins profondément
d'eau salée, se trouvèrent , après l'évapo-
ration de cette eau , mélangées d'une certaine quantité de sel , de même que toutes
les terres qui sont actuellement sur nos
côtes , exposées aux inondations périodiques
des marées.

Cet état de choses eût persisté , et l'on

retrouverait le sel marin à la surface de notre globe, sur tous les points qui portent l'empreinte de cette ancienne submersion, si les pluies ne l'avaient point dissous dans un laps de temps d'autant moindre qu'elles ont été plus fréquentes. Mais si, par une circonstance particulière, le sol que la mer contenait autrefois n'était point lavé par les eaux pluviales, il conserverait sa salure primitive, et formerait une sorte d'exception au reste de la terre.

Or, les déserts entre lesquels l'Egypte est placée, forme cette exception. Le sel marin s'y trouve presque par-tout, tantôt cristallisé sous le sable, tantôt effleuri à sa surface. On sait même qu'il existe en abondance dans le désert de Barbarie depuis la vallée du Nil jusqu'à la côte occidentale de l'Afrique; et comme on ne peut supposer que cette substance se forme journellement par la combinaison de ses élémens, dans une étendue de pays que son extrême aridité caractérise, il est évident qu'elle y existe depuis le dernier cataclysme qui a changé la face du globe.

Ceci conduit naturellement à expliquer

comment la plupart des terres cultivables
de la vallée d'Egypte , acquièrent un degré
de salure plus ou moins sensible , lorsque
depuis quelque temps elles ont cessé d'être
baignées par l'inondation, ou lavées par des
arrosemens artificiels. Il suffit en effet , pour
rendre raison de cette singularité , de se
rappeler ce qui a été dit ailleurs (1) , sur
l'infiltration des eaux du Nil , à travers les
couches sablonneuses sur lesquelles repose
le sol extérieur de cette vallée ; on sait que
pendant son accroissement , une nappe sou-
terreine d'eau douce s'incline vers le désert ; elle y pénètre jusqu'à une certaine
distance , et quelquefois rencontrant des
gîtes de sel marin , elle en dissout une partie , et ne s'abaisse vers le fleuve , lors de
son décroissement , qu'après s'en être chargée. Or , s'il arrive qu'en rétrogradant ainsi ,
elle vienne à couler au dessous d'une terre
légère et desséchée , elle montera , suivant
la loi de l'ascension des fluides , dans les
tubes capillaires , jusqu'à sa surface , où

____

(1) Décade Egyptienne , tome 3 , page 31.

l'on verra bientôt le sel effleuri , et où il ne croîtra spontanément que des plantes du genre de celles qui viennent sur le bord de la mer , ainsi que plusieurs botanistes l'ont remarqué.

Nilomètre d'Eléphantine , par le même.

Strabon et quelques écrivains de l'antiquité ont fait mention d'un nilomètre établi dans l'île d'Eléphantine. Le citoyen Girard , ingénieur en chef des ponts et chaussées , profita du séjour qu'il fit à Syène au mois de thermidor an 7 , pour en entreprendre la recherche , du succès de laquelle il a rendu compte à l'Institut d'Egypte le 16 ventôse dernier.

Cet édifice qu'il croit avoir été construit sous l'un des Ptolémée , renferme un étalon de la coudée égyptienne , beaucoup plus ancien , et par conséquent beaucoup plus authentique que celui du mékyas actuel de l'ile de Raoudah, dont Freret, Bailly, Paucton et Romé de Lille ont fait usage, pour évaluer les différentes mesures des anciens.

La longueur de cet étalon qui a été prise avec la plus grande exactitude s'est trouvée de 527 millimètres, équivalant à 19 pouces 6 lignes du pied de France ; ce qui s'accorde non seulement avec la longueur de la coudée déduite par Newton, des dimensions de la chambre pratiquée dans l'intérieur de la grande pyramide, mais encore avec la longueur de cette même unité de mesure déduite, suivant le procédé de Newton, des dimensions de la principale grotte de Syouth, de quelques-uns des tombeaux des rois de Thèbes, et de plusieurs autres grands édifices égyptiens.

On savait déjà que les différentes évaluations des mesures anciennes, publiées jusqu'à présent, devaient être rectifiées : 1°. parce que la coudée du mékyas, prise pour base de ces évaluations, n'est réellement que de 541 millimètres, tandis qu'on l'a toujours supposée de 554 : 2°. parce que le côté de la base de la grande pyramide dont on s'est également servi pour le même objet, n'avait encore été exactement déterminé par aucun voyageur moderne avant l'expédition des Français en Egypte. La coudée du nilomètre d'Eléphantine indique le rapport suivant lequel il conviendra de corriger ces évaluations, et, considérée sous ce point de vue, la découverte de ce monument fera disparaître de l'histoire et de la géographie ancienne quelques difficultés sur lesquelles les plus habiles critiques se sont jusqu'à présent exercés sans succès.

Cette découverte fournit en outre une donnée précieuse sur l'exhaussement du lit du Nil. Une inscription grecque, gravée au dessus de la 24e et dernière coudée, a conservé le souvenir d'une inondation extraordinaire qui surmonta d'un palme cette extrémité, sous l'empire de Septime Sévère : or, les plus hautes inondations s'élèvent aujourd'hui à 235 millimètres au dessus de ce terme ; et, comme la différence entre les plus basses et les plus hautes eaux est restée devant Eléphantine de 24 coudées, il s'ensuit que l'exhaussement du Nil, dans cette partie de son cours, a été depuis environ 1600 ans , de 146 millimètres par siècle.

(Extrait du Courier d'Egypte.)

Cérémonies pratiquées à la naissance d'un enfant , observées et décrites , par le citoyen Garo.

Au septième jour de la naissance d'un enfant mâle , l'accouchée réunit ses amies , et passe tout le jour avec elles en divertissemens. L'intervalle des deux repas est rempli par des chants et des danses exécutées par des almées. Après le dîner, commence la cérémonie de l'inauguration de l'enfant nouveau-né ; on la nomme Soubouéh : elle consiste en une promenade dans toutes les chambres de l'habitation des femmes. Une des principales servantes marche en tête , portant un plateau de cuivre où sont disposées circulairement autant de bougies, qu'il y a de femmes qui prennent part à la fête : ces bougies sont allumées et peintes de diverses couleurs. Vient après la sage-femme chargée de l'enfant : elle a à ses côtés deux autres servantes ; la plus jeune porte du feu dans un réchaud d'airain , et la seconde, un plat qui renferme de l'orge , du bled , des lentilles , des fèves , du riz , du sel marin et de l'encens , sept substances qui correspondent au nombre de jours écoulés depuis la naissance de l'enfant. La mère marche ensuite entourée de ses principales amies et des aînées ; les autres femmes forment le dernier grouppe. Pendant la marche, on exécute une musique fort bruyante, et chaque fois que la troupe entre dans une chambre du hareim , la sage-femme prend les grenailles et l'encens qu'elle trouve à sa droite , en jette une partie dans la chambre. On lui répond par des cris de joie très-prolongés , la musique devient plus rapide et plus bruyante , et l'on se plaît à marcher et à glisser sur les grenailles répandues de toutes parts.

De retour dans la chambre principale du hareim , le plateau des bougies est placé sur un tabouret au milieu de la chambre. Chacun y vient déposer une pincée de parais, les petites filles et les servantes se jettent sur les bougies, et se les disputent. Immédiatement après, la sage-femme emporte le plateau, et fait son profit de l'argent qu'elle y trouve et qui lui est destiné.

La cérémonie est terminée par une visite que l'on rend à l'enfant : on lui orne la tête de pièces d'or dont on lui fait cadeau, ou bien on les renferme dans des mouchoirs de prix que l'on place sous sa tête.

***

Note médicale sur le Saïd, communiquée au citoyen R. D. G., par le citoyen Rouyères, pharmacien et membre de la commission des arts.

Au Kaire, le 30 frimaire an 7.

L'Egypte supérieure, nommée Saïd, est incontestablement la contrée la plus salubre de toute l'Egypte ; ses habitans sont d'une constitution robuste, et ne connaissent presqu'aucune des maladies qui dépeuplent souvent l'Egypte inférieure ; les chrétiens, les musulmans et les Arabes qui y sont à demeure, ainsi que ceux qui y séjournent, jouissent également des faveurs de ce climat. On n'y rencontre point d'habitans attaqués d'ophtalmie ; je n'en ai pas vu depuis Girgéh jusqu'au dessus de Syène. Là commence cette nation, connue ici sous le nom de Barbarins, *Barabras* ; ils sont tous très-bien constitués et généralement plus actifs que les habitans du Saïd : ils assurent qu'ils jouissent d'une excellente santé ; ils ignorent même l'usage des médicamens précieux qui croissent sous leurs pas, et qu'ils ne récoltent que pour nous, tandis qu'au Kaire où ils viennent communément faire le métier de portier, ils sont les premières victimes des maladies qui règnent dans cette ville.

En descendant le Nil, ayant rencontré plusieurs aveugles à Luxor et à Kénéh, je m'accusais d'avoir mal observé en montant, et, me croyant transporté au Kaire où les maux d'yeux sont si communs, j'étais porté à croire que ce fléau était général à toute l'Egypte ; mais je fus bientôt détrompé, en interrogeant ces aveugles et quelques habitans de ces lieux : ils me dirent que la petite vérole y était confluente et très-funeste, que chaque année elle emportait un nombre considérable d'enfans, et que tous les aveugles que je voyais, avaient été attaqués de cette maladie qui leur avait fait perdre la vue.

On rencontre aussi beaucoup d'aveugles parmi les vieillards : il paraît certain qu'à l'âge de soixante-dix à quatre-vingts ans, leur vue s'éteint sensiblement, et qu'au dessus de quatre-vingts ans, il est rare d'en trouver qui voient encore.

La peste, sans être très-commune, n'est point inconnue dans la haute Egypte ; depuis plus de trente ans, elle n'a point paru à Girgéh : il y a environ une vingtaine d'années, elle se manifesta à Kénéh, mais elle enleva peu de monde ; plus de quinze cens personnes en furent atteintes, et il n'en mourut pas quatre-vingts. Les habitans ont remarqué que lorsque cette maladie leur est apportée de la basse Egypte, elle fait peu de ravage, mais que si elle vient de la Nubie ou d'Abyssinie, elle est très-dangereuse.

Les maladies vénériennes sont peu répandues dans le Saïd , et n'y causent aucun ravage sensible.

Les habitans du Saïd semblent avoir conservé , par tradition , quelques restes de la médecine des anciens. Ayant remarqué à Syène un homme avec un bout de jambe de bois , je lui demandai par quel accident cela lui était arrivé , et comment il était parvenu à s'ajuster ainsi une autre jambe ; j'appris bientôt qu'à l'âge de douze ans, en nageant dans le Nil , il fut atteint par un crocodile qui lui emporta la moitié de la jambe droite, que ses parens ou amis brûlèrent la place avec un fer rouge , ensuite l'arrosèrent avec de l'huile, réitérèrent plusieurs fois cette opération , et qu'après un an il fut en état de s'appuyer sur le morceau de bois qu'on avait ajusté à sa jambe. J'en vis un deuxième à Esnéh : celui-ci avait eu la cuisse coupée un peu au dessus du genou ; enfin, un troisième qui avait l'avantbras gauche aussi emporté. Ils me firent le récit de leurs accidens.

Collection du citoyen Geoffroy.

Le citoyen Geoffroy , dans différentes excursions, a completté ses collections d'animaux. Il est actuellement certain de posséder toutes les espèces si nombreuses du Nil et la plus grande partie des amphibies, oiseaux et quadrupèdes qui existent dans toute l'étendue de l'Egypte. Les renseignemens qu'il s'est procurés, les observations qu'il a eu occasion de faire , et une anatomie très-détaillée de chaque genre d'animaux, ajouteront à la valeur de ses collections. Il s'est également occupé, dans les grottes sépulchrales de Thèbes , à constater quelques faits qui intéressent l'histoire de l'embaumement des anciens Egyptiens , et qui ne sont point encore connus. On voit chez lui des momies de crocodiles, de serpens, de quelques quadrupèdes, de sept à huit espèces d'oiseaux , des momies humaines de diverses préparations et d'âges différens , enfin des cartons ayant appartenu à ces momies , où les couleurs dont ils sont peints conservent toute leur fraicheur. Un jeune fœtus, des têtes dont la peau a été dorée, et un ibis débarrassé de ses langes, et qui s'est trouvé conservé au point qu'on le prendrait pour un oiseau empaillé, prouvent assez quels frais immenses faisaient les anciens Egyptiens, pour éterniser en quelque sorte les objets de leurs affections.

Le citoyen Geoffroy a particulièrement trois momies humaines très-bien conservées, qui proviennent des fouilles faites à Sakkara, et qui sont les premières que l'on y ait trouvées entières depuis le séjour des Français en Egypte. Chacune est renfermée dans un coffre de bois de sycomore, et dans une autre enveloppe de carton très-épais, formé de toiles collées les unes contre les autres. Deux des coffres sont sculptés; le troisième est sans ornemens en relief, et l'enveloppe de carton de ce dernier est couverte d'hiéroglyphes. Dans une autre momie, les hiéroglyphes sont dessinés sur le coffre de bois qui est tapissé de toiles fines et peintes, et l'enveloppe de carton n'est couverte que de peintures insignifiantes, mais qui ont conservé tout leur éclat et toute leur fraîcheur. Le citoyen Geoffroy se propose de déposer ces momies, ainsi que la grande collection dont elles font partie , dans le muséum d'histoire naturelle et d'antiques de Paris. Ce professeur n'épargne ni soins ni dépenses pour se procurer ou conserver les objets dont l'acquisition peut être utile aux progrès de l'histoire naturelle.

(Extrait du Courier d'Egypte.)

Rapport à l'Institut d'Egypte , sur les recherches à faire dans l'emplacement de l'ancienne Memphis , et dans toute l'étendue de ses sépultures , par le citoyen Geoffroy , au nom d'une commission.

Le général en chef Menou qui donne à toutes les branches des sciences une attention particulière, ayant résolu de faire faire dans l'étendue des sépultures de l'ancienne Memphis toutes les recherches dont ces antiques monumens paraissent susceptibles, vous a informés , citoyens collègues , par sa lettre en date du 5o nivôse dernier, qu'il avait confié la direction des travaux à entreprendre , aux citoyens Le Père , architecte , et Coutelle , membre de la commission des arts , et que le motif qui lui a fait prendre cette décision avait été de fournir de très-grands moyens d'étude aux personnes qui s'occupent de la science de l'antiquité.

Empressés de répondre à cette invitation, et jaloux de concourir à des vues aussi utiles pour le progrès des sciences , vous avez , dans votre séance du 1.er pluviôse, arrété qu'une commission , composée des citoyens Champy , Fourier , Le Père , architecte , et moi , vous présenterait une instruction rédigée de manière à appeler sur toutes les parties qui intéressent les arts et les sciences l'attention de nos collègues. Le citoyen Coutelle que nous avons invité à se réunir à nous, a bien voulu aussi nous communiquer ses vues particulières, et c'est au nom de tous que j'ai l'honneur de vous présenter le rapport suivant :

Tous les voyageurs qui nous ont précédés, n'ont été frappés que des masses colossales, éparses , sur-tout, à la montagne Lybique qui bornait , à l'ouest, la campagne de

Memphis. Enivrés en quelque sorte de l'admiration qu'ils éprouvaient à la vue de monumens d'une taille aussi gigantesque et d'une si haute antiquité , ils ont négligé une multitude de petits objets et de pratiques singulières qui doivent jeter un si grand jour sur l'histoire des anciens Egyptiens , et conséquemment sur l'origine des institutions humaines.

Déjà , les membres de l'Institut et de la commission des arts , après avoir satisfait aux premiers besoins d'admirer de si grandes choses, ont vu avec sang-froid , et étudié en détail une partie des monumens de Gyzéh et de Sakkara : nous possédons déjà nombre d'observations utiles ; mais aucune des expéditions faites à ces lieux remarquables n'ayant été secondée des moyens que vient de proposer le général en chef , il reste encore beaucoup à faire. Les membres de l'Institut et de la commission des arts réprendront avec plaisir leurs travaux , et ne négligeront rien de ce qui peut faire connaître les mœurs d'un peuple qui a inventé et enseigné à la postérité les élémens des arts et des sciences.

Q 5

Les recherches à faire doivent s'étendre, 1.º aux grandes pyramides de Gyzéh ; 2.º aux pyramides de Sakkara ; 3.º aux puits des momies ; 4.º à l'emplacement de Memphis.

Parmi les recherches dont les grandes pyramides peuvent être l'objet, une des plus intéressantes consistera à déterminer avec toute la précision des instrumens asronomiques, la véritable direction des faces des pyramides, Un premier examen a eu lieu au commencement du siècle ; on le doit à l'académie des sciences de Paris, qui chargea M. de Chazelle de vérifier la position dont il s'agit : il reconnut, au moyen d'une boussole, que ces monumens sont orientés avec beaucoup d'exactitude. Peu d'années auparavant, les commissaires de l'académie avaient trouvé une erreur de plus de quinze minutes dans la position de la méridienne de Ticho-Brahé à l'observatoire d'Uranibourg. On avait été porté à en conclure que la ligne méridienne n'est point immobile ; mais les résultats de M. de Chazelle firent disparaître cette conjecture, et l'on vit clairement que la situation des pôles n'avait pu éprouver depuis le temps où vivait l'astronome danois, un changement aussi considérable. Cependant, quoiqu'il fût connu que la différence trouvée provenait d'une erreur, et n'était point le résultat d'une cause naturelle, quelques personnes n'en ont pas moins renouvelé l'hypothèse du mouvement des pôles : elles se sont principalement fondées sur ce que la détermination de M. de Chazelle était susceptible de peu de précision.

Il était donc à désirer qu'on appliquât à cette recherche les instrumens qui ont reçu dans ces derniers temps un si grand degré de perfection. Ce motif avait engagé l'Institut à proposer cette opération dans le voyage que nous fîmes à Memphis l'année précédente. Le citoyen Nouet, notre collègue, vérifia la direction d'une des faces de la plus grande pyramide ; il trouva que la base de cette face coïncide avec la ligne est-ouest, à moins d'un tiers de degré près ; différence qui peut être attribuée avec vraisemblance, attendu que le revêtement n'existe plus, aux inégalités des constructions qui ne permettent pas aujourd'hui d'obtenir une mesure plus précise. En même temps , notre collègue Jacotin constata par des mesures géographiques le parallélisme des autres faces , et de celles des pyramides voisines.

Maintenant , il nous paraît très-utile de confirmer les résultats de ces mesures, en se servant des instrumens astronomiques , et d'étendre ces recherches aux pyramides de Sakkara : le citoyen Nouet , dont le zèle nous a déjà fourni tant de résultats , est disposé à entreprendre ce nouveau travail.

Newton est le premier qui ait fait usage de la comparaison des longueurs des constructions égyptiennes , pour en déduire la connaissance de la mesure dont se servait cet ancien peuple. Il pensait , ce qui est une remarque fort naturelle, que les dimensions des différentes parties des monumens sont composées d'un nombre entier de mesures linéaires ; de sorte qu'il s'ensuivrait que ces dimensions auraient un rapport commensurable, et pour diviseur commun , la longueur même de la mesure. Afin de fournir de nouveaux matériaux à de semblables recherches , on profitera de ce voyage, pour obtenir avec une précision suffisante les mesures des différentes parties des monumens.

On cherche en vain sur la montagne, à l'ouest de Memphis, un système de grottes semblable à celui de la haute Egypte ; mais aussi l'inspection des lieux fait suffisamment connaître les raisons du changement apporté dans la construction de ces sépultures par un peuple si scrupuleux observateur des usages de ses ancêtres. La montagne, au lieu d'être, comme dans toute la haute Egypte, coupée à pic, vient mourir en pente douce sur le terrein cultivé. Les puits que l'on trouve à la surface du roc ne représentent que des cavités souterreines, destinées dans la haute Egypte à la sépulture des momies : ils sont dans beaucoup d'endroits très-rapprochés les uns des autres ; en sorte qu'il y a tout lieu de croire que ces puits s'ouvraient dans une chambre bâtie sous le roc, et qui remplissait l'objet de ces grottes qu'il avait été impossible de pratiquer dans ce lieu. Il sera donc à propos de visiter le pourtour des puits, afin de constater si l'on ne trouverait pas à la surface du roc quelques vestiges de fondation. Cette recherche est importante, puisqu'elle conduirait à expliquer l'existence de tant de pyramides accumulées seulement dans le voisinage de Memphis. Ces pyramides pourraient bien correspondre aux grandes grottes de Thèbes, de manière que les rois de Memphis, émules de ceux de cette plus ancienne capitale, après avoir consulté la nature du terrein, auraient remplacé par des constructions colossales les excavations prodigieuses de ceux-ci.

Ce qui prouve que les Egyptiens de Memphis n'avaient point abandonné le systéme de leurs ancêtres, et qu'ils l'avaient seulement modifié, pour l'accommoder à la forme de la montagne située près de cette ville, ce sont les grottes que l'on trouve dans le voisinage des pyramides de Gyzéh. Ils enlevèrent des pierres aux environs des grandes pyramides, pour les bâtir, firent ainsi par art, dans quelques endroits, des pans coupés, et en profitèrent pour faire reparaître le systéme adopté dans la haute Egypte. On trouve dans ces grottes des scènes domestiques, et des représentations de quelques arts

que, malgré la défectuosité de ces tableaux,
il est intéressant de dessiner et de décrire.

Nous n'avons pas encore eu occasion de
répéter toutes les observations publiées en
Europe à l'égard des momies et de quelques
ustensiles tirés de l'Egypte. On ne peut
guère raisonnablement espérer de se procurer toutes ces observations sur un terrein
aussi fouillé que celui de Memphis : il n'y
a que l'examen de l'intérieur d'une petite
pyramide qui puisse donner à cet égard
tous les renseignemens desirés.

On ne quitterait point les pyramides de
Gyzéh , sans avoir auparavant examiné
l'intérieur de la tête du Sphinx , et le fond
du puits de la grande pyramide qui, en
Europe , a fourni matière à tant de conjectures.

Arrivés sur le terrein de Memphis, l'un
des premiers objets que doivent se proposer
nos collègues , est la recherche du Sérapéum. Ce temple paraît avoir été destiné à
deux usages : au rapport de Pausanias , il
était consacré à l'inhumation du dieu Apis,
et si l'on en croit Zozomène et Jablouski,
il renfermait aussi le nilomètre que les

prêtres allaient consulter dans le commencement de l'inondation, pour en prédire les progrès. Strabon nous dit positivement que ce monument était placé dans les sables. Ces témoignages historiques fournissent quelques indices sur la position de ce temple ; car, dès qu'il était bâti au milieu des sables, et consacré à la sépulture du dieu Apis, il devait avoir été élevé sur le roc dont la surface est sablonneuse ; et puisque les eaux de l'inondation pouvaient se répandre dans ses parties souterreines , on doit en chercher les traces sur le bord oriental de la montagne. J'ajouterai à ces indications celle que nous fournit la remarque de notre collègue le général Reynier qui a reconnu vers cette partie de la montagne, et au sud-est des puits des ibis , une grande enceinte bâtie en briques crues : peut-être serait-ce vers cette enceinte qu'il faudrait faire des recherches, puisqu'il est connu que la plupart des temples égyptiens avaient un entourage semblable qui en défendait l'approche. Ces catacombes se ressentent , à Memphis , de la décadence des arts , ou du moins de l'insouciance des habitans de cette ville :

ce ne sont là que des excavations grossièrement pratiquées dans le roc, et qui n'ont
ni la parure, ni le fini, ni la grandeur des
souterreins de Thèbes. Cependant, on doit
compter sur un autre résultat par rapport
aux galeries souterreines du Sérapéum.
On ne peut en effet s'attendre qu'à trouver
un monument achevé d'une certaine grandeur, et qui, enfin, répondît aux dépenses
énormes que l'on faisait, suivant Diodore de
Sicile, pour l'inhumation du bœuf Apis,
le dieu favori de Memphis.

La plaine occupée par les débris des momies est un vaste champ pour les observations. Que de faits intéressans à recueillir,
si les sables apportés par les vents de l'ouest
ne la dérobaient, pour ainsi dire, à notre
vue ! Néanmoins, il faudra, dans beaucoup
d'endroits, soulever ce voile, en creusant
des canaux en différens sens, de manière
à faciliter l'observation du roc. On pourra
peut-être aussi constater l'étendue de cette
plaine, et la voir distribuée en autant
de partitions destinées aux hommes des
différens ordres de la société, et aux animaux d'espèce différente.

On trouvera, par ce moyen, un grand nombre de puits qui n'ont pas été ouverts, et qui, conséquemment, méritent une attention particulière. Nos collègues jugeront, sans doute, à propos d'en ouvrir quelques uns, et constateront au moins la forme et la nature de la pierre employée à clore ces caveaux.

Un des puits sur-tout auquel ils devront s'attacher de préférence, est celui dont le citoyen Hamelin avait commencé la fouille. Ses dimensions considérables en largeur et profondeur font croire, ou qu'il est la principale entrée d'une galerie intéresante à étudier, ou que c'est le puits d'une pyramide qui aurait été détruite.

On ne dédaignera pas sur-tout les sépultures creusées à la surface du roc, et celles construites en briques crues. Pour appartenir aux plus pauvres citoyens, elles n'en doivent pas moins fournir d'utiles matériaux à l'histoire. Mais on devra apporter dans ces recherches beaucoup de discernement, afin de distinguer les momies des indigènes de celles qui appartiennent aux premières époques de la religion chrétienne;

car on ne doit point oublier que les chrétiens de Memphis ont embaumé leurs morts jusqu'au temps de Théodose le Grand. Avec un peu d'attention , on ne pourra tomber dans aucune méprise. Les momies des chrétiens, enterrées dans le sable, furent traitées avec la plus grande indifférence , et rappellent à peine quelques souvenirs de ces époques brillantes de la haute antiquité, où l'on s'était proposé d'éterniser la mort , et où l'on avait en quelque sorte résolu ce problême.

Une des parties de Sakkara , où les recherches seront les plus facile, et pour lesquelles il y a des indications assez sûres, est l'immense galerie destinée aux ibis. Il n'est besoin que d'en retirer le sable qui s'y est versé du dehors, et qui empêche de la parcourir en entier. Il est quelques puits ou regards qui n'ont jamais été rouverts, et dont il est possible d'étudier la fermeture en remontant ces puits à l'intérieur.

Comme il paraît que le récit du duc de Chaulnes n'est point relatif aux galeries des ibis, que nous avons déjà visitées plusieurs fois, on devra suivre avec attention les indications qu'il donne, et qui probablement mèneront à la connaissance de caveaux renfermant des débris de quadrupèdes.

On remarque dans le voisinage de Busir, qu'une partie de la montagne est coupée à pic : des monceaux de sables qui se sont accumulés au devant, empêchent de reconnaître si cette partie de la montagne est taillée en grotte, comme on l'observe dans les environs des grandes pyramides. Peut-être serait-ce le cas de faire une fouille en cet endroit, dans la vue de se procurer ce renseignement.

Un des derniers objets dont il est sur-tout essentiel de s'occuper, est une détermination rigoureuse de tout l'emplacement de Memphis. Il est possible, jusqu'à un certain point, de suivre le prolongement de quelques rues principales, de retrouver les places publiques, et de déterrer plusieurs des débris du temple de Vulcain : nous n'avons encore ni description de ces ruines, ni dessin de leur aspect.

L'examen de l'emplacement de Memphis

doit

dóit avoir aussi pour objet de vérifier la
description qu'on en trouve dans Hérodote.
Cet historien rapporte que le fondateur de
cette ville avait fait exécuter des travaux
considérables, pour détourner en cet endroit
le cours du Nil ; que ce fleuve coulait, à
cette époque, fort près de la montagne qui
bornait la Lybie, et que Ménès avait fait
construire une digue qui, s'opposant à son
cours naturel, le forçait de couler à égale
distance des montagnes. On entretenait
cette digue chaque année avec beaucoup de
soin, et cela avait encore lieu au temps
d'Hérodote, sous la domination des Perses.
Memphis était, selon le même historien,
située dans l'ancien lit du fleuve, et un lac,
placé à l'ouest de la ville, communiquait
avec le Nil. Il serait intéressant de reconnaître dans ce nouveau voyage celles des
circonstances qui subsistent encore, de re-
lever avec exactitude les sinuosités du Nil
à la hauteur de Memphis, d'étudier les
attérissemens auxquels ce déplacement du
fleuve a pu donner lieu, et de vérifier si
d'assez grandes élévations de terre, qui ont

été remarquées de plusieurs de nos collègues, et qui sont situées au delà des restes de Memphis, auraient autrefois fait partie de la digue dont il est question dans Hérodote.

Le plan des environs de Memphis fera définitivement connaître le canal qui existe encore à l'ouest de cette ville, et qui est devenu si célèbre par les allégories qu'elle a fournies à la mythologie grecque.

Une des dernières recherches à tenter, ce serait de sonder l'ancien sol de Memphis, jusqu'à ce qu'on ait trouvé la terre formée par les dépôts du Nil : on acquerrait ainsi quelques données qui pourraient servir de base à des conjectures sur la haute antiquité de cette ville si célèbre.

On pourrait aussi faire usage de l'instrument que le citoyen Conté, notre collègue, veut bien faire exécuter dans ses atteliers de mécanique, et sonder en plusieurs endroits les buttes et les ruines qui attestent la grandeur de cette ancienne capitale. La sonde indiquerait les lieux où sont enfouis en plus grande quantité les débris des temples et des palais qui en faisaient l'ornement.

Enfin, on emploierait encore la sonde à retrouver l'ancien sol de l'Egypte, et à rechercher quelle a été la terre primitive de cette contrée, avant que le Nil, réglé dans son cours, l'ait revêtue d'une couche si épaisse d'argille sablonneuse.

Les fouilles feront trouver un grand nombre d'objets, des manuscrits, des momies, des figures en terre ou en bois, des hiéroglyphes en relief et détachés, des poteries, des médailles, des verroteries, des métaux ouvrés, des ustensiles, des habillemens et productions végétales, etc. On ne s'empresserait de décrire et dessiner ces objets, qu'autant qu'on les trouverait en place; mais dans le cas contraire, nous croyons que tous ces objets doivent être rassemblés et inventoriés. Dès que les recherches qui vont se faire sont entreprises aux dépens du trésor public, les objets recueillis doivent demeurer à la disposition du gouvernement.

A cet effet, nous estimons qu'il doit être

ouvert un registre qui contiendrait, 1.º La description de tous les monumens ; 2.º les résultats de toutes les opérations ; 3.º l'énumération de tous les objets recueillis.

Ce registre serait une espèce de procès-verbal qui, écrit sous les yeux d'un grand nombre de témoins, donnerait la plus grande authenticité aux observations qui seront faites dans ce voyage. Tout voyageur aurait le droit d'y faire insérer ses découvertes, et donnerait aussitôt, de cette manière, une sorte de publicité à beaucoup de petites remarques qui paraissent ensuite assez peu importantes pour mériter d'être traitées dans un écrit particulier.

Le voyage des grandes pyramides et de Memphis terminé, ce registre serait déposé au secrétariat, et deviendrait un annexe des procès-verbaux de l'Institut.

Telles sont, citoyens collègues, les observations que nous avons l'honneur de vous présenter. Le peu de temps que nous avons employé à leur rédaction ne nous a pas permis de les étendre davantage. Nous désirons qu'elles puissent remplir l'objet que vous vous êtes proposé en ordonnant ce travail ; et nous vous proposons, si vous les approuvez, de les adresser au gouvernement en réponse à l'invitation qu'il vous a faite.

FIN des articles des Monumens et autres curiosités.

PROCÉDURE.

DE SOLEYMAN EL-HHALEBY,

Assassin du Général en Chef KLÉBER.

Premier interrogatoire de Soleyman el-Hhaleby.

AUJOURDHUI 25 prairial an 8 de la République française, dans la maison du général de division Damas, chef de l'état-major général, a été conduit, par un sous-officier des guides, un homme du pays, prévenu d'avoir assassiné le général en chef Kléber; lequel accusé a été reconnu par le citoyen Protain, ingénieur, qui était avec le général, lors dudit assassinat, et qui a reçu lui-même plusieurs coups de poignard; ledit accusé ayant d'ailleurs été remarqué à la suite du général depuis Gyzéh, et ayant été trouvé caché dans le jardin où s'est commis ledit assassinat, dans lequel jardin on a aussi trouvé , à la même place où il a été pris, le poignard duquel le général a été blessé , et divers haillons appartenant audit prévenu.

De suite il a été procédé à son interrogatoire par le général de division Menou , le plus ancien de grade de l'armée , commandant au Kaire ; lequel interrogatoire a été fait par l'entremise du citoyen Bracewich , premier secrétaire, interprète de l'état-major , et rédigé comme il suit par le commissaire-ordonnateur Sartelon , requis à cet effet par le général Menou.

Ledit prévenu interrogé de son nom , âge , domicile et profession , a répondu s'appeler Soleyman , natif de la Syrie , âgé de vingt-quatre ans, être écrivain arabe de profession, et avoir été ci-devant domicilié à Hhaleb (Alep.)

Interrogé combien il y a de temps qu'il est au Kaire.

A répondu qu'il y est depuis cinq mois, et qu'il y est venu avec une caravane dont le conducteur est le cheykh arabe Soleyman Bourygy.

Interrogé de quel religion il est.

A répondu être de la religion musulmane, avoir demeuré déjà trois ans au Kaire, et trois autres années à la Mekke et à Médine.

Interrogé s'il connaît le grand visir, et s'il l'a vu depuis quelque temps.

Répondu qu'un arabe comme lui ne connaît point le grand visir.

Interrogé quelles sont ses connaissances au Kaire.

Répond qu'il n'en a point, mais qu'il se tient souvent près de la grande mosquée dite *gamè' el-azhar*; qu'il est connu de tout le monde, et que beaucoup de gens rendront compte de sa bonne conduite.

Interrogé s'il est allé ce matin à Gyzéh.

Répondu que oui, qu'il cherchait de l'emploi pour écrire, mais qu'il n'en a point trouvé.

Interrogé quelles sont les personnes pour lesquelles il a écrit le jour précédent.

Répondu qu'elles sont toutes parties.

Interrogé comment il est possible qu'il ne connaisse aucun de ceux pour lesquels il a écrit ces jours passés, et qu'ils soient tous partis.

Répond qu'il ne connaissait pas ceux pour qui il écrivait, et qu'il est impossible de se rappeler leurs noms.

Interrogé quel est le dernier pour lequel il a écrit.

Répond qu'il s'appelle Mohhammed Moghreby es - Souéys , vendeur d'eau de réglisse , mais qu'il n'a écrit pour personne à Gyzéh.

Interrogé de nouveau sur ce qu'il allait faire à Gyzéh.

Répond toujours qu'il y allait pour demander à y être employé en sa qualité d'écrivain.

Interrogé comment il été pris dans le jardin du général en chef.

Répond qu'il n'a pas été pris dans le jardin, mais sur le grand chemin.

A lui représenté qu'il ne dit pas la vérité, puisque les guides du général l'ont pris dans son jardin où il était caché , et ont même trouvé un poignard qui lui a été exhibé.

Répond qu'il est vrai qu'il était dans le jardin , mais qu'il n'y était pas caché ; qu'il s'y était assis , parce que des cavaliers gardaient toutes les avenues, et qu'il ne pouvait pas aller au Kaire ; qu'il n'avait point de poignard, et qu'il ignore s'il y en avait dans le jardin.

Interrogé pourquoi il a suivi depuis le matin le général en chef.

Répond que c'était pour avoir le plaisir de le voir.

Interrogé s'il reconnaît une lisière de drap vert qui semble faire partie d'une semblable qu'il a sur lui, et qui a été trouvée dans le jardin à l'endroit où le général en chef a été assassiné.

Répond que cela ne lui appartient point.

Interrogé s'il a parlé à quelqu'un à Gyzéh, et où est-ce qu'il a couché.

Répond qu'il n'a parlé à personne, que pour acheter divers objets, et qu'il a couché à Gyzéh dans une mosquée.

A lui représenté que les blessures qu'il a à la tête prouvent que c'est lui qui a assassiné le général, puisque le citoyen Protain qui était avec lui, et qui le reconnaît, lui a donné des coups de bâton qui l'ont blessé.

Répond qu'il n'a été blessé que lorsqu'il a été pris.

Interrogé s'il n'a pas parlé ce matin à Housseyn kachef et à ses Mamlouks.

Répond qu'il ne les a pas vus, et qu'il ne leur a pas parlé.

L'accusé persistant dans ses dénégations, le général a ordonné qu'il reçut la bastonnade, suivant l'usage du pays ; elle lui a été infligée de suite, jusqu'à ce qu'il ait déclaré qu'il était prêt à dire la vérité. Il a été délié et interrogé de nouveau de la manière qui suit :

Interrogé depuis quand il est au Kaire.

Répond qu'il y est depuis trente-un jours, et qu'il est venu de Gaza en six journées sur un dromadaire.

Interrogé pourquoi il est venu.

Répond qu'il est venu pour assassiner le général en chef.

Interrogé par qui il a été envoyé pour commettre ledit assassinat.

Répond qu'il a été envoyé par l'agha des janissaires ; qu'au retour de l'Egypte les troupes musulmanes ont demandé à Alep quelqu'un qui pût assassiner le général en chef de l'armée française ; qu'on a promis de l'argent et des grades militaires ; et qu'il s'est présenté pour cet objet.

Interrogé quelles sont les personnes auxquelles il a été adressé en Egypte ; s'il a fait part à quelqu'un de son projet , et ce qu'il fait depuis son arrivée au Kaire.

Répond qu'il n'a été adressé à personne, et qu'il est allé s'établir à la grande mosquée ; qu'il a vu les chefs de la loi Seyd Mohhammed el-A'desy , Seyd Ahhmed el-Oualy, A'bd-Allah el-Ghazzy et Seyd A'bd-el-Qady el-Ghazzy , qui logent dans ladite mosquée ; qu'ils lui ont conseillé de ne pas exécuter son projet , parce que cela serait impossible , et qu'il serait tué ; qu'on aurait pu charger d'autres que lui de cette mission ; qu'il les a entretenus tous les jours de son dessein , et qu'hier enfin il leur a dit qu'il voulait terminer cela , et assassiner le général ; qu'il est allé à Gyzéh, pour voir s'il pourrait réussir ; qu'il s'est adressé aux matelots de la cange du général, pour savoir s'il sortait ; qu'on lui a demandé ce qu'il voulait , et qu'ayant répondu qu'il desirait lui parler , ils lui ont dit qu'il allait tous

les soirs dans le jardin : que ce matin il a vu
le général aller au mékyas et au Kaire,
et qu'il l'a suivi jusqu'à ce qu'il l'ait assassiné.

Le présent interrogatoire fait par le général Menou, en présence des généraux de
l'armée, des officiers de l'état-major, et des
corps assemblés à l'état-major général, a été
clos et signé par le général Menou et le commissaire-ordonnateur Sartelon, soussignés,
les jour, mois et an, que des autres parts ;
l'accusé, après lecture a pareillement signé.
Signature de l'accusé en lettres arabes. Le
général de division, *Menou*, le général de
division *Friant*, le général de division
Reynier, le général de division *Damas*,
l'adjudant-général *Valentin*, l'adjudant-
général *Morand*, l'adjudant-général *Martinet*, *Leroy*, *Sartelon*, *Baptiste Santi
Lhomaca*, drogman : *Jean Renno*, interpréte
du général en chef, *Damien Bracewich*.

Interrogatoire des trois cheykhs accusés.

Cejourd'hui ving-cinq prairial an huit de
la République française, à huit heures du

soir, ont été conduits dans la maison du général Menou, commandant l'armée, les nommés Seyd A'bd-Allah el-Ghazzy, Mohhammed el-Ghazzy, et Seyd Ahhmed el-Oualy, tous les trois accusés de complicité dans l'assassinat du général en chef Kléber.

Le général Menou ayant ordonné leur interrogatoire, il y a été procédé en présence de divers généraux réunis à cet effet, par l'entremise du citoyen Lhomaca, interprète, de la manière qui suit :

Le nommé Seyd A'bd-Allah el-Ghazzy a été interrogé le premier, séparément comme ci-après :

Interrogé de ses noms, âge et profession.

Répond s'appeler Seyd A'bd-Allah el-Ghazzy, natif de Gaza, domicilié au Kaire, où il exerce depuis dix ans l'emploi de lecteur du koran, à la grande mosquée dite *gamè' el-azhar*, et ne pas savoir son âge qu'il croit être environ trente ans.

Interrogé s'il demeure à la mosquée, et s'il a connaissance des étrangers qui viennent y loger.

Répond qu'il reste nuit et jour dans la

mosquée, et qu'il est à portée de connaître les étrangers qu'il remarque.

Interrogé s'il a connu des hommes arrivant de la Syrie il y a un mois.

Répond que depuis cinquante jours il n'a vu arriver personne de la Syrie.

A lui représenté qu'un homme arrivé de l'armée du visir, depuis trente jours, déclare le connaître, et qu'il ne paraît pas dire la vérité.

Répond qu'il s'occupe uniquement de son emploi, qu'il n'a vu personne de la Syrie, mais qu'il a entendu dire qu'il était arrivé une caravane de l'Orient.

A lui représenté de nouveau que des hommes arrivés de la Syrie soutiennent lui avoir parlé, et le connaître.

Répond que cela est impossible, et qu'on peut le confronter avec ceux qui l'accusent.

Interrogé s'il ne connaît pas un nommé Soleyman, écrivain arabe, venu d'Alep depuis trente-un jours.

Répond que non.

A lui représenté que cet homme assure l'avoir vu, et lui avoir communiqué divers objets importans.

Répond qu'il ne l'a pas vu, que cet homme a menti, et qu'il consent à périr, s'il est convaincu de ne pas dire la vérité.

De suite, le général ayant fait appeler Mohhammed el-Ghazzy, également prévenu de complicité dudit assassinat, il a été procédé à son interrogatoire, comme il suit :

Interrogé de ses noms, âge, demeure et profession.

Répond s'appeler cheykh Mohhammed el-Ghazzy, âgé d'environ vingt-cinq ans, natif de Gaza, et domicilié au Kaire où il exerce l'état de lecteur du koran, à la grande mosquée dite *el-azhar*, depuis cinq ans, et d'où il ne sort que pour prendre des vivres.

Interrogé s'il connaît les étrangers qui viennent loger à la grande mosquée.

Répond qu'il en vient quelquefois, mais que le portier seul a affaire à eux ; que pour lui il couche quelquefois à la mosquée ou chez le cheykh Cherqaouy.

Interrogé s'il ne connaît pas un nommé Soleyman, venu de la Syrie il y environ un mois.

Répond qu'il ne le connaît pas, qu'il ne peut

peut voir tous ceux qui arrivent, parce que la mosquée est grande.

Interrogé de déclarer ce que lui a dit Soleyman, attendu qu'il a assuré lui avoir parlé à la mosquée.

Répond qu'il le connaît depuis trois ans; qu'il sait qu'il a été à la Mekke; mais que depuis cette époque il ne l'a pas vu, et que s'il est revenu, c'est à son insu.

Interrogé si Seyd A'bd-Allah el-Ghazzy l'a connu aussi.

Répond que oui.

A lui représenté qu'il est sûr qu'il a causé long-temps hier avec ce Soleyman, et qu'il y a des preuves à cet égard.

Répond que cela est vrai.

Interrogé de dire pourquoi il a commencé de dire qu'il ne l'a point vu.

Répond qu'il ne croit pas l'avoir dit, et que les interprètes se sont trompés.

Interrogé si ce Soleyman ne lui aurait pas parlé d'une chose très-criminelle; ce qui est d'autant plus vrai qu'on sait qu'il a voulu l'en empêcher.

Il répond qu'il ne sait rien de cela; que Soleyman a fait différens voyages au Kaire , et qu'il y est depuis un mois.

A lui représenté qu'il y a des preuves que ce Soleyman lui a dit qu'il voulait tuer le général en chef , et qu'il a voulu l'en empêcher.

Répond qu'il ne lui en a pas parlé ; que hier seulement il lui a dit qu'il s'en allait , et qu'il ne reviendrait plus.

De suite , le nommé Seyd A'bd-Allah el-Ghazzy a été reconduit pour être interrogé de nouveau, ainsi qu'il suit :

Interrogé pourquoi il a dit qu'il ne connaissait pas le nommé Soleyman d'Alep, lorsqu'on a des preuves que depuis 51 jours il l'a vu souvent , et lui a parlé tous les jours.

Répond qu'il est vrai qu'il ne le connaît pas.

Interrogé s'il ne connait pas le nommé Mohhammed el - Ghazzy , qui est comme lui lecteur à la grande mosquée , dite *el-az har.*

Répond que oui.

Et de suite lesdits cheykhs ont été confrontés de la manière qui suit :

Interrogé ledit Mohhammed el-Ghazzy

s'il n'a pas dit que Seyd A'bd-Allah connaissait ledit Soleyman.

Répond que oui.

Interrogé ledit Seyd A'bd-Allah pourquoi
il a nié la vérité.

Répond qu'on lui a mal expliqué la demande, et que maintenant qu'on lui a
parlé de Soleyman d'Alep, il avoue qu'il
le connaît.

A lui représenté qu'on sait qu'il a vu
Soleyman plusieurs fois, et qu'il lui a parlé
souvent.

Répond qu'il y a trois jours qu'il ne l'a
pas vu.

Interrogé s'il n'a pas voulu l'empêcher
d'assassiner le général en chef.

Répond qu'il ne lui a jamais parlé de ce
projet, et que s'il l'avait fait, il l'aurait
empêché de tout son pouvoir.

Interrogé pourquoi il ne dit pas la vérité,
puisqu'il y a des preuves.

Répond que cela ne peut pas être, et
qu'il n'a vu ledit Soleyman que pour se
saluer réciproquement, lorsqu'ils se sont
rencontrés.

Interrogé si Soleyman ne lui avait pas dit ce qu'il venait faire au Kaire.

Répond qu'il ne le lui a jamais dit.

Les deux prévenus ont été reconduits ; et le nommé Seyd Ahhmed el-Oualy a été amené, pour être interrogé à son tour sur les faits ci-après :

Interrogé de ses noms, âge, demeure et profession.

Répond s'appeler Seyd Ahhmed el-Oualy, natif de Gaza, être lecteur du koran à la grande mosquée depuis environ dix ans, et ne pas savoir son âge.

Interrogé s'il a connaissance des étrangers qui arrivent à la mosquée.

Répond que son état est de lire le koran à la grande mosquée, qu'il ne s'occupe pas des étrangers.

A lui représenté que des étrangers, arrivés depuis quelque temps, disent l'avoir vu à la mosquée.

Répond qu'il n'a vu personne.

Interrogé s'il n'a pas vu un homme arrivé de la Syrie, et envoyé par le grand visir, lequel homme assure le connaitre.

Répond que non, et qu'on peut faire venir cet homme pour le confronter avec lui.

Interrogé s'il connaît le nommé Soleyman d'Alep.

Répond qu'il connaît un nommé Soleyman qui allait étudier chez un effendy; que cet homme était postulant pour entrer dans les mosquées; qu'il lui a dit être d'Alep; qu'il l'a vu il y a vingt jours; que depuis il ne l'a pas rencontré; qu'il lui a dit que le visir était à Jaffa, et que ses troupes étaient mal payées, et le quittaient.

Interrogé s'il n'est pas le protecteur de ce Soleyman qui s'est réclamé de lui.

Répond qu'il ne le connaît pas assez pour en répondre.

Interrogé si les deux prévenus d'autre part ne sont pas de sa connaissance, et si tous les trois ensemble n'ont pas parlé à Soleyman depuis peu de temps, et notamment hier.

Répond que non : que cependant il sait que ce Soleyman est venu faire des invocations dans la mosquée; qu'il y a placé des papiers dont le contenu était qu'il avait confiance dans son créateur.

Interrogé si hier il n'était pas venu aussi placer de ces papiers.

Répond qu'il n'en sait rien.

Interrogé s'il n'a pas voulu empêcher Soleyman de commettre une action criminelle.

Répond qu'il ne lui a jamais parlé de cela ; que cependant il lui a raconté qu'il voulait faire des folies, dont il a cherché à le détourner.

Interrogé quelles étaient les folies dont il lui a parlé.

Répond qu'il lui a dit qu'il voulait entrer dans le combat sacré, et que ce combat consiste à tuer un infidèle , sans cependant qu'il lui ait nommé personne ; qu'il a voulu l'en détourner , en disant que Dieu avait donné le pouvoir aux Français , et que rien ne pouvait les empêcher de gouverner le pays.

Ledit accusé a été reconduit, et le présent interrogatoire a été clos en présence des officiers-généraux assemblés, et signé, tant par le général Menou , que par le commissaire-ordonnateur Sartelon , qui a rédigé ce présent interrogatoire , requis à cet effet par le général Menou. Lecture faite aux accusés , ils ont persisté et ont signé.

Au Kaire , les jour , mois et an que dessus.

Suivent trois signatures en arabe.

Signé , le général de division ;
Ab. J. MENOU.

Sartelon, A. Santi Lhomaca, *drogman.*

PROCÈS - VERBAL

De l'installation de la Commission.

L'an 8 de la République française, et le 26 prairial, en vertu de l'arrêté en date de ce jour, du général de division Menou, commandant l'armée d'Orient par *interim*, se sont assemblés dans la maison du général de divison Reynier, le général de brigade Robin, l'ordonnateur de la marine Le Roy, l'adjudant-général Martinet, en remplacement du général de division Friant, en suite de l'ordre du général Menou, l'adjudant-général Morand, le chef de brigade d'infanterie Goguet, le chef de brigade d'artillerie Faure, le chef de brigade du génie Bertrand, le commissaire des guerres Regnier, le commissaire-ordonnateur Sartelon, rapporteur, et le commissaire Le Père, faisant fonction de commissaire du pouvoir exécutif, pour procéder au jugement définitif de l'assassinat commis dans la journée d'hier sur la personne du général en chef Kléber.

Ladite commission réunie sous la présidence du général Reynier, il a été fait lecture de l'arrêté du général Menou, ci-dessus rappelé : elle a, conformément à l'article III dudit arrêté, nommé pour son greffier le commissaire des guerres Pinet qui a prêté serment, et pris ses fonctions.

Elle a autorisé le général de division Reynier, et le commissaire-ordonnateur Sartelon, rapporteur, à ordonner, en conformité de l'article IV de l'arrêté, toutes arrestations et mise en prison, et faire tout ce qu'ils jugeront nécessaire pour découvrir les auteurs et complices dudit assassinat; elle a ordonné que le poignard trouvé sur le prévenu, lors de son arrestation, sera déposé au greffe pour être représenté en temps et lieu comme pièce de conviction; elle s'est ajournée à demain huit heures du matin, et ont les membres de la commission signé avec le greffier.

Signé, le commissaire des guerres de première classe, *Regnier*, le chef de brigade du génie *Bertrand*, le chef d'artillerie *Faure*, le chef de la vingt-deuxième demi-brigade d'infanterie légère *Goguet*, l'adjudant-général *Morand*, l'adjudant-général *Martinet*, l'ordonnateur de la marine *Le Roi*, le général de brigade *Robin*, le général de division *Reynier*; *Pinet*, greffier.

———

DÉCLARATION DES TÉMOINS.

Cejourd'hui , vingt-six prairial an huit de la République française , par devant moi commissaire-ordonnateur soussigné , chargé par l'arrêté du général Menou, commandant l'armée , des fonctions de rapporteur près la commission nommée pour juger les assassins du général en chef Kléber, a comparu pour donner ses déclarations sur ledit assassinat, à quoi j'ai procédé , assisté du citoyen Pinet, greffier , nommé conformément audit arrêté , Joseph Perrin, maréchal-des-logis , chef des canonniers des guides , qui a déclaré que lui et le citoyen Robert , maréchal-des-logis , ont arrêté le turc Soleyman , accusé d'avoir assassiné le général ; qu'ils l'ont trouvé dans le jardin des *Bains français* , attenant à celui de l'état-major ; qu'il y était caché entre de petites murailles à moitié démolies , et que lesdites murailles étaient couvertes de sang en différens endroits ; que ledit Soleyman était également ensanglanté ; qu'ils l'ont arrêté dans cet état , et ont été obligés ensuite de lui donner des coups de sabre pour le faire marcher. Ledit Perrin déclare qu'il a trouvé une heure après, un poignard caché dans la terre au même endroit où il a arrêté Soleyman, et qu'il l'a remis à l'état-major : ledit poignard était ensanglanté.

Lecture à lui faite de sa déposition, il a déclaré no rien savoir autre chose, n'avoir rien à ajouter à sa déclaration, ni rien à y diminuer, et a signé avec nous et le greffier.

Signé, Perrin, *maréchal-des-logis en chef.*

Sartelon ; Pinet, *greffier.*

A comparu aussi le citoyen Robert, maréchal-des-logis dans l'artillerie des guides, lequel a déclaré qu'étant occupé à la recherche de l'assassin du général, il s'est rendu dans un jardin attenant à celui de l'état-major, et appartenant à la maison des *Bains français*, qu'il y a trouvé avec le maréchal-des-logis Perrin, son camarade, le nommé Soleyman, d'Alep, caché dans

un coin entre des murailles démolies ; qu'il
était tout ensanglanté, n'ayant rien sur la
tête qu'un morceau de lisière de drap verd ;
que dans ce costume il l'a reconnu pour
être l'assassin du général ; que les murailles
sur lesquelles il avait passé étaient également ensanglantées ; que cet homme a montré de la frayeur ; et qu'une heure après
son arrestation il a trouvé, avec le citoyen
Perrin, à la même place où il était caché,
un poignard rempli de sang, qu'il a apporté à l'état-major : ce poignard était enfoui
dans la terre.

Lecture faite de sa déposition, il a déclaré
qu'elle contenait vérité ; qu'il n'avait rien
à ajouter ni à diminuer, et a signé avec
moi et le greffier.

Au Kaire, les jour, mois et an que d'autre part.

Signé, Robert, *maréchal-des-logis* ;
Sartelon, Pinet, *greffier.*

Moi, dit commissaire rapporteur, me
suis de suite transporté dans la maison du
citoyen Protain, où il est retenu dans son

lit par suite de ses blessures , et ai reçu sa déclaration ainsi qu'il suit :

Jean - Constantin Protain , architecte , membre de la commission des arts et de l'Institut , a déclaré qu'étant à se promener dans la grande galerie du jardin du quartier-général , qui donne sur la place , avec le général en chef , un homme vêtu à la turque , est sorti du fond de la galerie où se trouve un puits à roues ; qu'étant à quelques pas de distance du général , et tourné du côté opposé, il entendit le général crier à la garde ; qu'il se retourna pour en connaître la cause ; qu'il vit alors ledit homme lui porter des coups de poignard ; qu'il reçut plusieurs coups du même poignard qui le mirent à terre , et le firent rouler plusieurs pas ; ayant entendu de nouveau crier le général , il se rapprocha de lui ; il vit ledit homme le frapper, et il reçut lui-même de nouveaux coups ; il perdit enfin connaissance , et ne peut donner d'autres détails : il sait seulement que, malgré leurs cris répétés , ils sont restés plus de six minutes sans secours.

Lecture faite au citoyen Protain de sa déclaration, il a dit qu'elle contient vérité, qu'il y persiste, qu'il ne veut y ajouter ni diminuer, et a signé avec moi et le greffier.

Signé, Protain, Sartelon, Pinet, *greffier.*

Après avoir signé, le citoyen Protain a déclaré vouloir ajouter que, lorsque Soleyman, d'Alep, accusé d'avoir assassiné le général en chef et lui, lui fut présenté quelques instans après ledit assassinat, il le reconnut pour être le même qui, dans lo jardin de la maison du quartier-général, porta au général en chef des coups de poignard qui le terrassèrent, et auquel il donna lui-même plusieurs coups de bâton, pour tâcher de défendre le général, à la suite desquels il reçut lui-même plusieurs coups de poignard de Soleyman, d'Alep, qui lui firent perdre connaissance.

Lecture faite au citoyen Protain de la présente addition, il a dit qu'elle contient vérité, qu'il y persiste, ne veut y ajouter ni diminuer, et a signé avec nous et le greffier.

Signé, Protain, Sartelon, Pinet, *greffier.*

Aujourd'hui 25 prairial an 8 de la République française, moi soussigné, rapporteur de la commision nommée pour juger les assassins du général Kléber, ai fait appeler les aides-de-camp dudit général, et ai reçu leur déclaration, assisté du citoyen Pinet, greffier de la commission, de la manière qui suit :

Le citoyen Fortuné Devougues, âgé de 24 ans, lieutenant au vingt-deuxième régiment de chasseurs à cheval, aide-de-camp du général en chef Kléber, a déclaré que le 25 prairial ayant accompagné le général en chef dans la visite qu'il fit à son quartier-général du Kaire, où il avait ordonné des réparations, un homme à turban verd, vêtu d'une mauvaise casaque, ne cessa de marcher à la suite du général pendant qu'il parcourut ses appartemens, et chacun le prenant pour un ouvrier, on le laissa librement aller et venir ; mais le général en chef ayant traversé son jardin pour aller dans celui du général Damas, le citoyen Devougues s'appercevant que le même homme se mêlait toujours dans la suite du général,

général, lui demanda ce qu'il voulait, et le fit chasser par un domestique : cet homme disparut en effet.

Deux heures après, lorsque le général fut assassiné, le citoyen Devougues reconnut à côté du général le vêtement qu'avait laissé l'assassin, pour être le même que celui de l'homme dont il vient de parler, et peu de temps après on amena un homme couvert de sang., qu'il reconnut parfaitement pour celui qu'il avait précédemment fait chasser.

Lecture à lui faite de sa déposition, le citoyen Devougues a déclaré qu'elle contenait vérité, et qu'il n'avait rien à y ajouter ni diminuer, et a signé avec moi et le greffier.

Au Kaire, les jour, mois et an que d'autre part.

Signés, R. Devougues, Sartelon, Pinet, *greffier*.

NOUVEL INTERROGATOIRE

DE SOLEYMAN EL-HHALEBY.

Cejourd'hui 26 prairial an 8 de la république française, moi soussigné commissaire-ordonnateur, remplissant les fonctions de rapporteur prés la commission chargée de juger les assassins du général en chef Kléber, j'ai fait traduire devant moi le nommé Soleyman, d'Alep, prévenududit assassinat, pour l'interroger de nouveau sur les faits ci-aprés, auquel interrogatoire j'ai procédé, assisté du citoyen Pinet, greffier, nommé par la commission, et par l'entremise du citoyen Bracewich, premier secretaire interprète du général en chef.

Interrogé de nouveau sur les faits résultans dudit assassinat.

A répondu qu'il était venu sur un dromadaire faisant partie d'une caravane arabe, chargée de savon et de tabac ; que cette caravane craignant d'entrer au Kaire, s'en est allée directement au village de Ghayttah,

province d'Attfiehhly ; que là il a pris un
áne pour se rendre au Kaire ; qu'il avait
loué cet áne à un paysan qu'il ne connaissait pas ;

Qu'il a été chargé d'assassiner le général
par Ahhmed agha et Yassyn agha des jan-
nissaires d'Alep ; que ces deux aghas lui
avaient bien défendu de s'en ouvrir à qui
que ce fût , parce que c'était une chose dé-
licate ; qu'on l'a envoyé , parce qu'il connaissait beaucoup le Kaire où il avait resté
trois ans ; qu'on lui a dit d'aller à la grande
mosquée , de bien prendre son temps et ses
mesures , et de ne pas manquer de tuer le
général ;

Qu'il s'est ouvert cependant aux quatre
cheykhs qu'il a nommé s, parce que sans cela
ils n'auraient pas voulu le loger à la mosquée ; qu'il leur a parlé tous les jours de
son projet dont ils ont voulu le détourner ,
en lui disant que cela était impossible ; qu'il
ne les avait pas priés de lui aider , parce
qu'ils sont trop poltrons ;

Que le jour où il s'était déterminé à
consommer ledit assassinat , il n'a trouvé des
quatre cheykhs qu'il a nommés que Moh-

hammed el-Ghazzy à qui il a dit qu'il allait à Gyzéh pour cet objet ; qu'il était seul pour assassiner le général , et qu'il croit qu'il était fou depuis qu'il avait fait ce projet , puisque sans cela il ne serait jamais venu de Gaza , pour consommer l'assassinat auquel il s'est porté ;

Que les papiers qu'il a mis dans la mosquée , n'étaient que des versets du koran , l'usage des écrivains arabes étant d'y en mettre souvent ;

Qu'il n'a reçu d'argent de personne au Kaire ; que les aghas lui en avaient donné ;

Que l'effendy chez qui il a étudié s'appelle Moustaffa Effendy , chez qui il allait , suivant l'usage , tous les lundi et jeudi ; mais qu'il n'a pas osé lui en parler , parce qu'il craignait d'être trahi ;

Mais qu'il a dit au quatre cheykhs qu'il a nommés , quels étaient ses projets , parce qu'ils étaient syriens comme lui ; qu'il leur a communiqué l'intention où il était d'entrer dans le combat sacré , et qu'il l'a réellement dit à tous les quatre.

Interrogé où il était lorsque le visir est

venu de l'Egypte , au commencement du mois de germinal dernier , correspondant au mois turc appelé dou-l-qa'deh.

A répondu qu'il était à Jérusalem où il fesait un pélérinage , et où il était même auparavant, lorsque le visir a pris el-A'rich.

Interrogé où est-ce qu'il a vu Ahhmed agha qu'il assure lui avoir proposé cet assassinat , et quel jour il l'a vu.

Répond que lorsque le visir a été battu, il s'est retiré vers el-A'rich et Gaza , à la fin du mois turc chaoual , ou au commencement du mois dou-l-qa'deh , qui correspond au mois de germinal de l'ère française ; que Ahhmed agha faisait partie de cette armée ; qu'il était depuis la prise d'el-A'rich , détenu à Gaza par l'ordre du visir ; que cet agha a été transféré à Jérusalem , dans la maison du Moutsellem, ou gouverneur de la ville ; que lui Soleyman était à cette époque à Jérusalem ; qu'il est allé voir Ahhmed agha , le premier jour de son arrivée, pour se plaindre à lui de ce que son père , nommé Hhagy Mohhammed Amyn , marchand de beurre à

Alep , éprouvait toujours des avanies par
Ibrahym , pacha dudit Alep ; qu'il lui en
avait fait une assez considérable avant le
départ du visir de Damas , pour venir en
Egypte ; que cette avanie avait été payée ;
que craignant qu'elles ne se renonvellassent ,
il lui avait demandé sa protection ;

Qu'il était retourné le jour suivant chez
ledit Ahhmed agha ; que ce jour là l'agha
lui avait dit qu'il était l'ami d'Ibrahym
pacha , et qu'il lui. rendrait service auprès
de lui , s'il voulait se charger de tuer le
général de l'armée française ;

Que le troisième et le quatrième jour il
lui avait fait les mêmes propositions , et
qu'alors il l'avait adressé à Yassyn agha , qui
était à Gaza , pour le défrayer ; qu'il était
parti de Jérusalem trois ou quatre jours
après , pour se rendre au village Khalyl ,
sans qu'il eût reçu aucune lettre d'Ahhmed
aga , qui avait envoyé un domestique à
Gaza , pour instruire de tout Yassyn agha.

Interrogé combien il a demeuré de temps
à Khalyl.

Répond qu'il y a demeuré vingt jours.

Interrogé pourquoi il a demeuré vingt

jours dans ce village, et s'il n'a reçu aucune lettre des deux aghas.

Répond qu'il avait peur des Arabes dont
la route était remplie : qu'il a attendu une
caravane pour faire ce voyage, sans recevoir
aucunes lettres, et qu'au bout de ces vingt
jours il s'est rendu avec elle à Gaza, sur
la fin du mois dou-l-qa'deh, qui correspond au commencement du mois de floréal
de l'ère française.

Interrogé ce qu'il a fait à Gaza, et ce
que lui a dit Yassyn agha.

Répond que le second jour de son arrivée
à Gaza, il s'est présenté à l'agha qui lui
a dit être instruit de l'affaire pour laquelle
il était venu ; que cet agha l'a logé à la
grande mosquée où il est venu plusieurs
fois, soit de jour, soit de nuit, pour se con-
certer secrètement avec lui ; qu'il lui a promis de faire ôter les avanies à son père, et
de le protéger lui-même dans toutes les oc-
casions ; qu'il lui a donné quarante piastres
turcs, de quarante parats l'une, pour les
frais du voyage, en lui donnant les instructions dont il a parlé ; et qu'il est parti dix
jours après son arrivée, sur un dromadaire

avec lequel il est venu en six jours, ainsi qu'il l'a expliqué, son départ ayant eu lieu dans les premiers jours du mois turc dylhhadjéh, correspondant au milieu de floréal de l'ère française ; en sorte que lorsqu'il a assassiné le général, il y avait trente-un jours qu'il était au Kaire.

Interrogé s'il reconnaît le poignard ensanglanté avec lequel le général en chef a été assassiné.

Répond qu'il le reconnaît pour être le même avec lequel il a assassiné le général.

Interrogé qui lui a donné ce poignard, s'il le tient d'un des deux aghas, et comment il se l'est procuré.

Répond que personne ne lui a donné ; qu'il l'a acheté au marché de Gaza, dans l'intention de s'en servir pour tuer le général, et qu'il a pris la première arme qu'il a trouvé à acheter.

Interrogé si Ahhmed agha ou Yassyn agha, ou tous les deux ensemble, lui ont parlé du grand visir, pour lui offrir sa protection dans le cas où il assassinerait le général.

Répond que non ; qu'ils lui ont seulement offert la leur en cas qu'il parvînt à réussir.

Interrogé si le visir a fait des proclamations contre les Français, pour les faire assassiner.

Répond qu'il n'en sait rien ; qu'il sait seulement que le visir avait envoyé à Trahir pacha, pour secourir les insurgés du Kaire, et que ce pacha est rentré , lorsqu'il a trouvé les Osmanlis qui se retiraient.

Interrogé s'il est le seul qui ait été chargé de cette mission.

Répond qu'il le croit, et qu'il était seul dans le secret avec les deux aghas.

Interrogé comment il devait informer les deux aghas de cet assassinat.

Répond qu'il devait aller les trouver, ou leur envoyer promptement un exprès.

Le présent interrogatoire a été clos par moi rapporteur soussigné, et il a été signé par l'accusé après lecture, et par le greffier et l'interprète.

Au Kaire, les jour, mois et an que d'autre part. Suit la signature de l'accusé en arabe. *Signé*, Sartelon, Damien Bracewich, Pinet, *greffier.*

CONFRONTATION DES ACCUSÉS.

Cejourd'hui vingt-six prairial an huit
de la République française, moi soussigné
rapporteur de la commission chargée de
juger les assassins du général en chef Kléber,
ai fait appeler le cheykh Mohhammed el-
Ghazzy, prévenu de complicité dans ledit
assassinat, pour l'interroger de nouveau,
et le confronter avec Soleyman, d'Alep,
prévenu d'être l'auteur dudit crime, auxquels interrogatoires et confrontations j'ai
procédé de la manière qui suit, conjoin-
tement avec le citoyen Pinet, greffier de
ladite commission.

Interrogé ledit cheykh Mohhammed el-
Ghazzy s'il connait le nommé Soleyman,
d'Alep, ici présent.

Répond que oui.

Interrogé ledit Soleyman, d'Alep, s'il connait le nommé Mohhammed el-Ghazzy,
ici présent.

Répond que oui.

Interrogé le nommé Mohhammed el-
Ghazzy, si Soleyman, d'Alep, ici présent,

ne lui a point confié, depuis trente-un jours, qu'il était au Kaire, le dessein où il était de tuer le général en chef; s'il ne lui a pas dit qu'il était venu de la Syrie pour cet objet, de la part des aghas Ahhmed et Yassyn; s'il ne les en a pas entretenus à peu près tous les jours, et enfin si la veille du jour où il a assassiné le général en chef, il ne lui a pas dit qu'il partait pour aller à Gyzéh, dans le dessein de le tuer.

A répondu que tout cela est faux; que lorsqu'ils se sont vus, ils se sont seulement salués, et que la veille du jour où il est parti pour Gyzéh, il lui a apporté du papier et de l'encre, et lui a dit qu'il ne reviendrait que le lendemain.

A lui représenté qu'il ne dit pas la vérité, puisque Soleyman, qui est ici présent, soutient qu'il lui a parlé tous les jours, et notamment la veille de l'assassinat, du dessein où il était de tuer le général.

Répond que cet homme ment.

Interrogé s'il ne va pas coucher souvent chez le cheykh Cherqaouy, et s'il n'y a pas été coucher ces jours derniers.

Répond que depuis l'arrivée des Français

il n'y a jamais couché, et qu'il y allait coucher quelquefois auparavant.

A lui représenté qu'il ne dit pas la vérité, puisque dans son interrogatoire d'hier il a déclaré qu'il allait souvent coucher chez le cheykh Cherkaouy.

Répond qu'il ne l'a pas dit.

Interrogé le nommé Soleyman, de déclarer s'il persiste à soutenir au cheykh Mohhammed, ici présent, qu'il lui a parlé tous les jours du projet où il était d'assassiner le général, et notamment la veille dudit assassinat.

Répond que oui, qu'il a dit la vérité, et que le cheykh Mohhammed el-Ghazzy a peur.

Le cheykh Mohhammed el-Ghazzy, persistant dans ses dénégations, j'ai jugé convenable, vu les preuves acquises, de lui faire infliger la bastonnade, suivant l'usage du pays, pour qu'il déclare ses complices : elle lui a été donnée jusqu'à ce qu'il ait promis de dire la vérité ; après quoi il a été délié et interrogé de nouveau, ainsi qu'il suit :

Interrogé si Soleyman lui a fait part

de son projet d'assassiner le général en chef.

Répond qu'il lui a dit souvent qu'il était venu de Gaza, pour entrer dans le combat sacré contre les infidèles français ; qu'il l'en a détourné en lui disant que cela aurait une mauvaise fin ; que ce n'est que la veille de l'assassinat, qu'il lui a dit qu'il voulait tuer le général en chef.

Interrogé pourquoi il n'est pas venu dénoncer ledit Soleyman.

Répond que c'est parce qu'il n'aurait jamais cru qu'un homme de sa façon pût tuer le général en chef, lorsque le visir n'avait pu le faire.

Interrogé s'il n'a pas fait part de ce que lui a dit Soleyman à plusieurs personnes de la ville, notamment au cheykh Cherkaouy.

Répond qu'il n'en a parlé à personne, et que quand on le tuerait, il ne le dirait pas.

Interrogé s'il sait qu'il y ait au Kaire d'autres personnes chargées d'assassiner les Français, et où elles sont.

Répond qu'il n'en a point connaissance,

et que Soleyman ne lui en a jamais parlé.

Interrogé ledit Soleyman de déclarer également où sont ses complices.

Répond qu'il n'en a point au Kaire, et qu'il ne croit pas qu'il y ait d'autres personnes que lui, pour assassiner les Français.

De suite ledit Mohhammed el-Ghazzy a été conduit à sa prison, et Soleyman est resté pour être confronté avec Seyd Ahhmed el-Oualy qui a été amené pour cet objet.

Interrogé s'il connaît Soleyman, d'Alep, ici présent.

A répondu que oui.

Interrogé ledit Soleyman s'il connaît le nommé Seyd Ahhmed el-Oualy, ici présent.

A répondu également que oui.

Interrogé le cheykh Seyd Ahhmed el-Oualy si Soleyman lui a fait part d'assassiner le général français, notamment la veille dudit assassinat.

Répond que Soleyman, à son arrivée, il y a environ trente jours, lui a dit qu'il venait pour entrer dans le combat sacré contre les infidèles ; qu'il l'en a détourné en lui disant que cela n'était pas bien fait, mais qu'il ne lui a pas dit qu'il voulût assassiner le général en chef.

Interrogé ledit Soleyman de déclarer s'il a dit à Seyd Ahhmed el-Oualy, qu'il voulait assassiner le général en chef, et combien, avant l'assassinat, il y avait de jours qu'il en avait parlé.

Répond que les premiers jours de son arrivée il lui a dit qu'il venait pour entrer dans le combat sacré, ce qu'il a désapprouvé; que six jours après il lui a fait part de son projet d'assassiner le général; que depuis il ne lui en a plus parlé, et qu'il y avait quatre jours qu'il ne l'avait pas vu lors dudit assassinat.

Représenté à Seyd-Ahhmed el-Oualy, qu'il n'a pas dit la vérité, en assurant que Soleyman ne lui a point fait part de son projet d'assassiner le général.

Répond que maintenant que Soleyman le lui a rappelé, il s'en souvient.

Interrogé pourquoi il n'a pas dénoncé ledit Soleyman.

Répond que c'est pour deux motifs; le premier, parce qu'il croyait qu'il mentait; et le second, parce qu'il le méprisait trop pour le croire capable d'une pareille action.

Interrogé si Soleyman lui a dit qu'il eût quelque complice ; et si lui Seyd Ahhmed el-Oualy en a parlé à quelqu'un, notamment au cheykh de la grande mosquée, à qui il doit rendre compte de tout ce qui s'y passe.

Répond que Soleyman ne lui a point dit qu'il eût des complices ; qu'il n'a point cru qu'il fût de son devoir d'en prévenir le cheykh de la mosquée, et qu'il n'en a parlé lui-même à personne.

Interrogé s'il avait connaissance d'un ordre du général en chef, qui ordonne de dénoncer tous les Osmanlis qui arrivent au Kaire.

Répond qu'il n'en a pas connaissance.

Interrogé de déclarer s'il n'a pas logé Soleyman à la mosquée, parce qu'il a déclaré qu'il venait pour assassiner le général.

Répond que non ; que tous les musulmans peuvent loger à la mosquée.

Interrogé Soleyman s'il n'a pas dit qu'on ne l'aurait pas reçu, s'il n'avait pas déclaré quel était le motif qui l'amenait au Kaire.

Répond que les arrivans sont obligés de

le

le dire, mais qu'il doit à la vérité de déclarer qu'aucun des cheykhs n'a approuvé son projet.

Ledit Seyd Ahhmed el-Oualy a été reconduit, et Soleyman est resté pour être confronté à Seyd A'bd-Allah el-Ghazzy, qui a été amené pour cet objet.

Interrogé ledit Seyd A'bd-Allah el-Ghazzy s'il connaît ledit Soleyman ici présent.

Répond que oui.

Interrogé le nommé Soleyman s'il connaît ledit Seyd A'bd-Allah el-Ghazzy ici présent.

Répond que oui.

Interrogé Seyd A'bd-Allah el-Ghazzy s'il n'avait pas connaissance du projet de Soleyman pour assassiner le général en chef.

Répond et avoue qu'à son arrivée il lui a fait part de son dessein de combattre les infidèles, et de tuer le général en chef, et qu'il a voulu l'en détourner.

Interrogé pourquoi il n'a pas dénoncé le dit Soleyman.

Répond qu'il croyait qu'il serait allé trouver les grands cheykhs du Kaire, qui l'en auraient détourné, et qu'il le fera à l'avenir.

Interrogé s'il a parlé de ce projet à quelqu'un, et s'il sait que Soleyman en ait également fait part à quelques personnes du Kaire.

Répond qu'il n'en sait rien.

Interrogé s'il sait qu'il y ait au Kaire d'autres personnes chargées d'assassiner les Français.

Répond qu'il n'en sait rien, et qu'il ne le croit pas.

Lecture faite du présent procès-verbal de confrontation à Soleyman accusé, à Mohhammed el-Ghazzy, à Seyd Ahhmed el-Oualy et à Seyd A'bd-Allah el-Ghazzy, ils ont déclaré que leurs réponses contiennent vérité, qu'ils n'ont rien à ajouter ni à diminuer, qu'ils persistent ; et ont signé avec nous, Bracewich et Lhomaca, interprètes, et le greffier.

Au Kaire, les jour, mois et an que d'autre part.

Suivent les signatures des accusés en arabe.

Signé , Baptiste Santi Lhomaca, drogman ; le premier secrétaire interprète du général en chef, Damien Bracewich ; Sartelon ; Pinet, greffier.

Et après avoir clos ledit interrogatoire, moi commissaire - rapporteur ai demandé aux quatre prévenus s'ils voulaient se choisir un ami pour défenseur ; et nous ayant déclaré qu'ils ne pouvaient en désigner aucun, nous avons fait choix du nommé Lhommaca, interprète, pour remplir cet objet.

Au Kaire, les jour, mois et an que dessus.

Sartelon, Pinet, greffier.

Interrogatoire de Moustaffa Effendy.

Aujourd'hui 26 prairial an 8 de la république française, moi soussigné, rapporteur de ladite commission nommée pour juger les assassins du général en chef Kléber, ai fait appeler devant moi le nommé Moustafa Effendy, pour l'interroger sur les faits résultans dudit assassinat ; auquel interrogatoire j'ai procédé, assisté du citoyen Pinet, greffier de la commission.

Interrogé de ses noms, âge, domicile et profession.

Répond s'appeler Moustafa Effendy, natif de Brouze en Bithynie, âgé de quatre-vingt-un ans, et être maître d'école.

Interrogé s'il a vu depuis un mois le nommé Soleyman, d'Alep.

Répond que cet homme a été son élève, il y a trois ans; qu'il l'a vu, il y a dix ou vingt jours qu'il est venu coucher chez lui; mais que, comme il est pauvre, il lui a dit de chercher un asyle ailleurs.

Interrogé si le nommé Soleyman ne lui a pas dit qu'il était venu de Syrie pour assassiner le général en chef.

Répond que non; qu'il est venu seulement chez lui pour le saluer comme son ancien maître.

Interrogé si Soleyman ne lui a pas parlé des motifs qui l'avaient amené, et si lui-même ne s'en est pas informé.

Répond qu'il n'a été occupé que de le renvoyer, parce qu'il est pauvre; qu'il lui a cependant demandé ce qu'il venait faire, et qu'il lui a dit qu'il venait se perfectionner dans la lecture.

Interrogé s'il ne sait point qu'il soit allé voir quelqu'un au Kaire, notamment des cheykhs considérables.

Répond qu'il n'en sait rien, parce qu'il l'a vu très-peu de temps, et que d'ailleurs, vu son âge et ses infirmités, il sort peu de chez lui.

Interrogé s'il n'enseigne pas le koran à ses élèves.

Répond que oui.

Interrogé si le koran ordonne les combats sacrés, et prescrit de tuer les infidèles.

Répond qu'il connaît les combats sacrés, et que le koran en parle.

Interrogé s'il enseigne de pareils principes à ses élèves.

Répond qu'un vieillard n'a rien à faire dans tout cela ; mais qu'il est vrai que le koran parle des combats sacrés, et que celui qui tue un infidèle est dans le chemin de la direction.

Interrogé s'il a appris d'aussi belles choses à Soleyman.

Répond qu'il ne lui a appris qu'à écrire.

Interrogé s'il sait qu'un musulman a tué hier le général en chef de l'armée française, qui n'était pas de sa religion, et si ; d'après les principes du koran, cette action est louable et approuvée par le prophète.

Répond que celui qui tue doit être tué ; que quant à lui, il croit que l'honneur des Français est aussi l'honneur des musulmans, et que si le koran dit autre chose, ce n'est pas sa faute.

De suite ledit Soleyman a été confronté avec ledit Moustaffa Effendy.

Interrogé s'il a vu plus d'une fois l'Effendy Moustaffa, et s'il lui a fait part de son projet.

Répond qu'il ne l'a vu qu'une fois, comme son ancien maître, qu'il est venu seulement pour le saluer, que cet homme est vieux et infirme, et qu'il ne convenait pas de lui faire part de son projet.

Interrogé s'il n'est pas de la secte des combats sacrés, et si les cheykhs de la ville ne l'ont pas autorisé à tuer au Kaire les infidèles, pour gagner les bonnes graces du prophète Mohhammed.

Répond qu'il a parlé des combats sacrés seulement aux quatre cheykhs qu'il a nommés.

Interrogé s'il n'a pas parlé au cheykh Cherkaouy.

Répond qu'il ne voit pas ce cheykh, parce qu'ils ne sont pas musulmans du même rit, que le cheykh Cherkaouy est de la secte de Chate'y, et lui de la secte de Hhanefy.

Lecture faite à Soleyman et à Moustaffa de leurs réponses, ils ont déclaré qu'elle contenait vérité, qu'ils n'avaient rien à ajouter ni à diminuer; et ils ont signé avec nous, le greffier et le citoyen Lhomaca, interprète.

Au Kaire, les jour, mois et an que d'autre part.

Suivent les signatures des accusés, en arabe.

Signés B. Santi-Lhomaca, Sartelon, Pinet, *greffier.*

R A P P O R T

Fait le 27 prairial an 8, par le commissaire-ordonnateur SARTELON, à la commission chargée de juger l'assassin du général en chef Kléber, et ses complices.

C I T O Y E N S ,

Le deuil général et la douleur profonde dont nous sommes environnés , nous annoncent assez la grandeur de la perte que l'armée vient d'éprouver. Au milieu de ses triomphes et de sa gloire , notre général nous est tout-à-coup enlevé par le fer d'un assassin dont la trahison et le fanatisme ont stipendié la main parricide et mercenaire. Chargé de provoquer contre cet homme exécrable et ses complices, la vengeance des lois , qu'il me soit permis d'unir un moment mes pleurs et mes regrets à ceux dont sa victime est parmi nous le triste, mais honorable objet ; mon cœur sent vivement le besoin de lui rendre ce tribut justement mérité ; ma tâche m'en semblera plus facile , et j'entrerai avec moins de dégoût dans les détails dont cet affreux événement se compose.

Vous venez d'entendre la lecture de l'information , de l'interrogatoire des prévenus et des autres pièces de la procédure.

Jamais crime ne fut mieux prouvé que celui dont vous allez juger les perfides auteurs : les déclarations des témoins, l'aveu de l'assassin et de ses complices , tout en un mot se réunit pour jeter une clarté horrible sur cet infâme assassinat.

Je vais parcourir rapidement les faits , et retenir, s'il est possible , l'indignation qu'ils inspirent. Que l'Europe , que le monde entier apprennent que le ministre suprême de l'empire ottoman , que ses généraux , que son armée ont eu la lâcheté d'envoyer un assassin au malheureux Kléber qu'ils n'avaient pu vaincre , et qu'ils ont ajouté à la honte de leur défaite, celle du crime atroce dont ils se sont souillés aux yeux de l'univers.

Vous vous rappelez tous cet essaim d'Osmanlis accourus il y a trois mois , à la voix du visir , de Constantinople et du fond de l'Asie , pour s'emparer de l'Egypte qu'ils prétendaient nous forcer de quitter en vertu d'un traité dont leurs alliés empêchaient eux-mêmes l'exécution.

A peine les restes de cette horte barbare, vaincue dans les plaines de Matharyéh et d'Héliopolis , ont repassé honteusement le désert , que les cris de rage et de désespoir se font entendre de toute part dans leurs rangs.

Le visir inonde l'Egypte et la Syrie de proclamations provoquant au meurtre contre les Français qui l'on vaincu.

C'est sur-tout contre le général qu'il cherche à assouvir sa vengeance.

C'est au moment où les habitans de l'Egypte , égarés par ses manœuvres , éprouvent la clémence et la générosité de leur vainqueur ; c'est au moment où les prisonniers de son armée sont accueillis , et ses blessés reçus dans nos hôpitaux , qu'il met tout en usage pour consommer l'affreux attentat qu'il médite depuis long-temps.

Il se sert pour l'exécuter, d'un agha disgracié: il attache au crime qu'il lui propose, le retour de sa faveur, et la conservation de sa tête déjà proscrite.

Ahhmed agha, emprisonné à Gaza depuis la prise d'el-A'rych, se rend à Jérusalem après la déroute du visir, dans les premiers jours de germinal dernier; il a pour prison la maison du Moutselem, et il s'occupe dans cet asyle, du projet atroce dont il a eu la barbarie de se charger.

Une fatalité inconcevable semble avoir tout préparé pour l'exécution de la vengeance du visir.

Soleyman, d'Alep, jeune homme de vingt-quatre ans, sans doute souillé par le crime, se présente chez l'ahga le jour même de son arrivée à Jérusalem, et réclame sa protection pour soustraire son père, marchand d'Alep, aux avanies périodiques d'Ibrahym, pacha de cette ville.

Il y revient le lendemain. Des informations ont été prises sur le caractère de ce jeune fanatique: il est reconnu qu'il se prépare à être reçu lecteur du koran dans une mosquée ; qu'il est à Jérusalem pour un pélerinage ; qu'il en a déjà fait deux autres à la Mekke et à Médine, et que le délire religieux est porté au plus au degré dans sa tête troublée par de fausses idées sur la perfection de l'islamisme, dont il croit que ce qu'il appelle les combats sacrés et la mort des infidèles, sont le gage le plus précieux et le plus assuré.

Dès ce moment Ahhmed agha n'hésite plus à lui parler de la mission qu'il desire lui confier ; il lui promet sa protection et des récompenses ; il l'adresse à Yassyn agha, qui commande à Gaza un détachement de l'armée du visir, et l'envoie quelques jours après pour recevoir de lui les instructions et l'argent qui lui sont nécessaires.

Soleyman, déjà plein de son crime, se met aussitôt en route ; il demeure vingt jours au village de Khalyl, dans la Palestine ; il y attend une caravane pour passer le désert ; et rempli d'impatience, il arrive à Gaza dans les premiers jours de floréal dernier.

Yassyn agha le loge dans une mosquée

pour entretenir son fanatisme ; il le voit souvent en secret, soit de jour, soit de nuit, pendant les dix jours qu'il passe dans cette ville ; il lui donne des instructions, et quarante piastres turques, et le fait enfin partir sur un dromadaire avec une caravane, qui le conduit en six jours en Egypte.

Muni d'un poignard, il arrive vers le milieu du mois de floréal au Kaire où il a déjà passé trois ans ; il se loge, suivant ses instructions, à la grande mosquée, et se prépare au crime pour lequel il y est envoyé, par des invocations à l'Être suprême, et des prières écrites qu'il place sur les murs de la mosquée.

Il y est reçu par quatre lecteurs du koran, nés comme lui dans la Syrie ; il leur fait part de sa mission, les entretient à chaque instant, et n'en est détourné que par la difficulté de l'entreprise, et le danger qu'ils trouvent à l'exécuter.

Mohhammed el-Ghazzy, Seyd Ahhmed el-Oualy, A'bd-Allah el-Ghazzy et A'bdou-el-Kadyr el-Ghazzy reçoivent la confidence de ce projet, sans rien faire pour

empêcher de le consommer , et s'en rendent complices par leur silence constant et
soutenu.

L'assassin attend au Kaire sa victime
pendant trente et un jours ; il se détermine
enfin à partir pour Gyzéh , et confie le jour
de son départ , l'objet de son voyage à Mohhammed el-Ghazzy , l'un des prévenus.

Il semble que tout concourre à favoriser
son crime : le général part de Gyzéh , le
lendemain de son arrivée, pour se rendre
au Kaire; Soleyman le suit pendant toute la
route ; on est obligé plusieurs fois de l'é-
loigner ; mais il poursuit toujours sa victime , et parvient enfin , le 25 de ce mois,
à se cacher dans le jardin du général : il
l'aborde pour lui baiser la main ; son air
de misère intéresse ; il n'est point repoussé,
et il profite de ce moment d'abandon pour
lui porter quatre coups de poignard. En vain
le citoyen Protain , architecte et membre de
l'Institut, se dévoue généreusement pour lui
sauver la vie , son courage est inutile , et il
reçoit lui-même six blessures qui le mettent
hors de combat.

C'est ainsi qu'est tombé sans défense sous les comps d'un assassin , celui qui, dans une carrière militaire, remplie de gloire et de dangers, fut respecté par les hasards de la guerre ; qui le premier passa le Rhin à la tête des armées républicaines , et conquit glorieusement une seconde fois l'Egyte envahie par une nuée d'Osmanlis.

Que pourrai - je ajouter à la douleur profonde dont il est l'objet ! Les larmes des soldats dont il fut le père , les regrets des généraux qui furent les compagnons de ses travaux et de sa gloire , le deuil et la consternation de l'armée , sont le seul éloge digne de lui.

L'assassin Soleyman n'a pu éviter les recherches des troupes indignées ; le sang dont il était couvert , son poignard , son air égaré et farouche ont découvert son crime : il l'avoue et nomme ses complices ; il semble s'applaudir du meurtre infame qu'il vient de commettre. Dans les interrogatoires qu'il subit , et à la vue des supplices qui l'attendent , il conserve un calme inaltérable qui devrait être le fruit de l'innocence , mais qui trop souvent aussi est le partage du fanatisme.

Les complices avouent également la confidence qui leur a été faite du projet de l'assassinat qu'ils ont laissé consommer par leur silence.

En vain ils prétendent qu'ils n'ont jamais cru Soleyman capable de ce crime ; en vain ils assurent qu'ils l'auraient révélé, s'ils avaient pu penser qu'il eût eu réellement l'intention de le commettre : les faits parlent contr'eux ; ils ont reçu l'assassin, ils l'ont accueilli, ils ne l'ont détourné de son projet, qu'à raison du danger personnel qu'il courait ; ils sont donc ses complices, et rien ne peut les excuser.

Je ne parle point de Moustaffa Effendy : il n'existe contre ce vieillard aucune preuve qui puisse le faire regarder comme complice.

Le genre de supplice à prononcer contre les prévenus est laissé entièrement à votre choix par l'arrêté qui vous charge de leur jugement définitif. Je crois devoir vous engager à n'en adopter aucun qui ne soit en

usage

usage dans le pays; mais la grandeur de l'attentat exige qu'il soit terrible: celui de l'empalement me paraît convenable. Que la main de cet homme infame soit brûlée avant tout; qu'il expire ensuite sur son pal, et que son corps y reste exposé jusqu'à ce qu'il soit dévoré par les oiseaux de proie.

Quant aux complices, quoique leur délit soit grand, il semble que leur supplice doive être moins sévère que celui de l'assassin; la simple peine de mort, telle qu'elle est adoptée en Egypte, doit suffire, et je crois devoir vous la proposer.

Que le visir, que les féroces Osmanlis, qu'il commande, apprennent, en frémissant, le châtiment du monstre qui osa se charger de leur vengeance atroce. Leur crime prive, il est vrai, l'armée d'un chef qui sera toujours l'objet de nos regrets et de nos larmes; mais qu'ils n'espèrent point abattre nos courages: le successeur du général que nous avons perdu, déjà connu par ses talens, par sa bravoure, et par les qualités brillantes qui l'ont distingué dans sa carrière politique et militaire, saura nous conduire aussi à la victoire; et les lâches qui ne rougirent pas de se venger de leur défaite par un assassinat dont l'histoire n'offrit jamais d'exemple, ne retireront de cet acte de barbarie d'autre fruit que de s'être déshonorés inutilement aux yeux de l'univers.

C'est sur les considérations développées dans ce rapport, que je motive mes conclusions qui tendent: 1.º A ce que le nommé Soleyman, d'Alep, soit déclaré convaincu d'avoir assassiné le général en chef *Kléber*; qu'il soit condamné à avoir la main droite brûlée, à être empalé, et à expirer ensuite sur son pal, où il restera jusqu'à ce que son cadavre soit dévoré par les oiseaux de proie; 2.º A ce que les trois cheykhs Mohhammed, A'bd-Allah et Ahhmed el-Ghazzy soient déclarés complices dudit assassinat, et comme tels condamnés à avoir la tête tranchée; 3.º A ce que le cheykh A'bd el-Kadyr, contumace, soit aussi condamné à la même peine; 4.º A ce que l'exécution ait lieu au retour du cortège funéraire, en présence de l'armée et des gens du pays rassemblés à cet effet; 5.º A ce que Moustaffa Effendy soit déclaré non convaincu de complicité, et mis en liberté; 6.º Enfin, à ce que le jugement et les pièces du procès soient imprimés et affichés au nombre de cinq cens exemplaires, et traduits en langues turke et arabe, pour être placardés dans les différentes provinces de l'Egypte, aux lieux accoutumés et désignés à cet effet.

Au Kaire, le 27 prairial an 8 de la République française.

Signé SARTELON.

(Suit le jugement précité à la page 284 du tome premier.)

SUPPLÉMENT

AU TABLEAU DE L'EGYPTE.

POIDS ET MESURES DU KAIRE.

Mesures linéaires.

On emploie au Kaire plusieurs mesures linéaires. La plus générale porte le nom de *Pyk Stambouly*, c'est-à-dire, *Pic de Constantinople*; la seconde est appelée *Pyk Bela'dy*, c'est-à-dire, *Pic du pays*: on lui donne encore le nom de *Dera'*, ce qui signifie *coudée*.

Il paraît que le pic de Constantinople a été introduit en Egypte depuis la conquête de ce pays, faite en 1517 par Selim, sultan des Osmanlis ou Turks, et qu'avant cette époque le pic du pays ou coudée était la seule unité linéaire en usage.

Il y a une troisième mesure, c'est la coudée du Mekyas ou Nilomètre; elle sert à mesurer la crue et la baisse des eaux du Nil, mais on n'en fait aucun usage dans le commerce: on lui donne aussi le nom de *Dera'* dans le langage du pays.

Le pyk stambouly vaut . . . 67,70 centimètres 25,02 pouces.
Le pyk bela'dy ou dera'. . . 57,75   21,34
Le dera' du nilomètre . . . 51,12   20

Mesures itinéraires.

Les distances itinéraires sont comptées par journée ou par heure de marche.

Pendant la campagne de Syrie, le citoyen Jacotin, directeur des ingénieurs géographes, et chef du bureau topographique, a observé que les caravanes conduisant des chameaux chargés de 3 à 4 quintaux, avaient par heure une vitesse moyenne de trois quarts de lieue.

Mesures agraires.

La mesure agraire porte le nom de *Fedan* : ce mot, d'après les renseignemens que l'on s'est procurés, n'exprime pas une surface constante ; nous connaissons trois fedans qui diffèrent entr'eux.

1.º Le fedan voisin du Nil : c'est un carré dont le côté est égal à 18 kassabs ; le kassab étant une longueur qui vaut 6 pieds et demi du pays.

2.º Le fedan éloigné du Nil, qui est un carré dont le côté est égal à 24 kassabs.

3.º Le fedan de Damiette, qui est une surface de 432 cannes carrées ; la canne ayant 3 mètres 95 centimètres de long.

Nota. Les dimensions des deux premières sortes de fedans ont été fournies par Horace Say, officier de génie, qu'une mort prématurée, mais glorieuse, a enlevé aux sciences et à la république. Les dimensions du fedan de Damiette ont été déterminées par le citoyen Girard, ingénieur des ponts et chaussées.

X 3

Il nous parait , d'après quelques recherches, que le
mot *fedan* désigne un espace qui rapporte au pro-
priétaire un revenu déterminé ; de sorte que la surface
du fedan doit être moindre dans les contrées fertiles ,
et plus grande dans les autres.

Le kassab (6 dera' et 1/2) vaut 3,75 metres 11,645 pieds.

	ares.	arpens de Paris.
Le fedan pres du Nil	45,00	1,556
Le fedan loin du Nil	81,16	2,575
Le fedan de Damiette	68,77	2,012

Mesures ponderales.

On fait usage dans le commerce de différentes sortes
de poids ; mais tel est le désordre qui règne dans cette
partie, que des poids de même dénomination ont des
valeurs différentes pour les diverses espèces de denrées.
Il y a un poids appelé *rottl*, qui est fort usité dans le
commerce ; il est grand ou petit, suivant la nature de
la denrée : un rottle de savon , par exemple , est plus
fort qu'un rottle de chandelles de suif dans le rapport
de 7 à 6.

La drachme est la seule unité pondérale invariable ;
on en a déterminé la valeur en poids français, en
faisant une pesée exacte de l'échantillon de 100
drachmes qui existe à la monnaie du Kaire. Les échan-
tillons du même poids que l'on peut se procurer chez
les marchands, ne s'accordent pas toujours parfaitement , soit entr'eux, soit avec celui de la monnaie :
cette discordance est une suite nécessaire de la grossiè-
reté des arts au Kaire.

Il était raisonnable de regarder la drachme de la monnaie comme la plus exacte de toutes, parce que dans les établissemens de ce genre on a un plus grand intérêt à la précision, et par conséquent au maintien de la fidélité des poids.

Le grand rottle est composé de 168 drachmes; le petit, de 144.

La drachme vaut . . . . . 5,0884 grammes 58 grains 5 seizièm.

	hectogrammes.	livre.	onc.	gros.	gr.
Le rottle de 144 drachmes.	4,4473	0	14	1	27
Le rottle de 168 drachmes	5,1855	1		7	55

TARIF DES MONNAIES.

Or.

La quadruple d'Espagne vaut...	2550 parats ou médius.
La demi-quadruple..............	1176
Le quart de quadruple...........	588
Le huitième de quadruple.......	294
Le seizième de quadruple........	147
Le double louis de France........	1544
Le louis simple..................	672
Le sequin de Venise..............	540
Le sequin zermahboub du Kaire	180
Le demi-sequin	90
Le sequin de Constantinople.....	200
Les sequins de Hongrie et de Holl.	300

Argent.

L'écu de six livres de France vaut	168 parats ou méd.
L'écu de cinq livres....................	142

L'écu de trois livres vaut .... 84 méd. ou parats.
L'écu de Rome...................... 140
L'écu simple de Malte............... 67
L'écu et quart de Malte.............. 84
Le double écu de Malte 134
Le double et demi-écu de Malte..... 168
La piastre d'Espagne................. 150
Le talary 150
L'écu de huit livres de Gênes........ 186
L'écu de six livres de Milan......... 130

Par ce calcul, la livre tournois de compte vaut 28 parats ou médins.

Il existe quatre espèces de piastres turkes.

La première vaut 100 parats ou médins, la seconde 80, la troisième 60, et la quatrième 40.

Nota. Toutes les espèces ci-dessus détaillées avaient cours en Egypte ; mais particulièrement, parmi les étrangères, le sequin de Venise, la piastre d'Espagne et le talary de l'Empire.

TABLEAU des crues du Nil, observées au mekyas de l'île de Raoudah, pendant le cours de l'an 8, relevé au bureau de la Direction des ponts et chaussées, au Kaire.

HAUTEURS VRAIES DES CRUES.

Mois	Jours	coud.	doigts	mètres	pieds	pouces	lig.
Messidor	15	3	10	1,8490	5	8	4
	16	3	12	1,8912	5	10	0
	20	3	21	2,0372	6	5	6
	30	5	11	3,0217	9	3	8
Thermidor	10	7	21	4,2620	13	1	6
	20	12	16	6,8551	21	1	4
	30	16	5	8,7723	27	0	2
Fructidor	10	17		9,2007	28	4	0
	20	17	8	9,5311	28	10	8
	30	17	20	9,6516	29	8	8
Jours compl.	5	17	22	9,6968	29	10	4
Vend. an 9	10	18	2	9,7870	30	1	8
	12	18	3	9,8096	30	2	6
max. des crues du Nil		18	3	9,8096	30	2	6
Terme des basses eaux		3	10	1,8490	5	8	4
différ. en crue effect.		14	17	7,9606	24	6	2

La durée de la crue du fleuve a été, cette année, du 15 messidor an 8 au 12 vendémiaire an 9, ou de 92 jours.

DIVISION DE L'ÉGYPTE EN L'AN IX.

Mourad-Bey, prince gouverneur du Saïd pour la République française. Le reste de l'Égypte est divisé en huit arrondissemens.

Le premier est composé des provinces de Syouth et de Minyeh ; commandé par le général de brigade Donzelot.

Le second, des provinces de Beny-Ssouef et du Fayoum ; commandé par le général de division Damas.

Le troisième, des provinces du Kaire, d'Attfychhly et de Gyseh ; commandé par le général de division Belliard.

Le quatrième, des provinces de Charkyeh et du Kélyoubeh ; commandé par le général de division Reynier.

Le cinquième, des provinces de Bahhyreh, Rosette et Alexandrie ; commandé par le général de division Friant.

Le sixième, des provinces de Damiette et Manssoura ; commandé par le général de division Rampon.

Le septième, de la province de Garbyeh ; commandé par le général de brigade Fugière.

Le huitième, de la province de Menoufieh ; commandé par le général de division Verdier.

ÉTAT MILITAIRE DE L'ARMÉE D'ORIENT EN L'AN IX.

OFFICIERS GÉNÉRAUX.

MENOU, général en chef.

LAGRANGE, général de brigade, chef de l'état-major général.

REYNE, adjudant-général, sous-chef de l'état-major général.

Généraux de division.

Reynier, Damas, Friant, Rampon, Lanusse, Verdier, Belliard, Leclerc.

Généraux de brigade.

Galbaud, Vial, Zayonchek, Fugière, Destaing, Robin, Donzelot, Almeras, Roize, Delegorgue, Baudot, Valentin, Duranteau, Maugras, Sylly, Brou, Boussart.

Adjudans-généraux.

Cilly-Vieux, Jullien, Desvaux, Boyer, Sornet, Martinet, Morand, Gasquet, Mac-Sheehy, Duchaume, Lafon-Blaniac, Tarayre.

Aides-de-camp du général en chef.

Netherwood, chef de brigade; Novel, chef de bataillon; Henry, Dauray, Alpheran, Paultre, capitaines; Devouges, lieutenant.

Aides-de-camp du chef de l'état-major général.

Baylin, capitaine; Bernard, lieutenant.

Aides-de-camp des généraux de division.

Du général Reynier, Millet, Lami, Simon, chefs d'escadron ; Dubuat, lieutenant.

Du général Damas, Colliquet, Tainturier, chefs d'escadron ; Delaitre, capitaine.

Du général Friant, Decoux, chef de bataillon ; Binot, chef d'escadron ; Petit, capitaine.

Du général Rampon, Renouvier, lieutenant.

Du général Lanusse, Lanusse, Raynaud, capitaines.

Du général Verdier, Martel, chef de bataillon ; Argenteau, sous-lieutenant.

Du général Belliard, Parast, chef de brigade ; Majou, chef de bataillon ; Rignoux, capitaine.

Du général Leclerc, Leclerc, chef d'escadron ; Saint-Geniés, capitaine.

Aides-de-camp des généraux de brigade.

Du général Galbaud, Galbaud fils, sous-lieutenant.

Du général Vial, Séb. Vial, chef d'escadron.

Du général Zayonchek, Pierre, chef d'escadron.

Du général Fugière, Materre, capitaine.

Du général Destaing, Baudinot, capitaine ; Mourg, lieutenant.

Du général Robin, Dubost, sous-lieutenant.

Du général Donzelot, Joly, capitaine ; Bardoux, sous-lieutenant.

Du général Almeras, Curial, capitaine.

Du général Roize, Charpentier, sous-lieutenant.
Du général Delegorgue, Strauzé, capitaine.
Du général Baudot, Bourbel, capitaine.
Du général Valentin, Alliot, chef de bataillon.
Du général Duranteau, Ruffat, lieutenant.
Du général Maugras, Girard, capitaine.
Du général Sylly, Minot, capitaine.
Du général Bron, Chevalier, sous-lieutenant.
Du général Boussart, ...

Adjoints aux adjudans-généraux.

A l'adjudant général Réné, Tioch, capitaine.
— *Gilly-Vieux*, Taize, Cerais, lieutenans.
— *Jullien*, Germain, chef de bataillon.
— *Devaux*, ...
— *Boyer*, Néraud, capitaine.
— *Sornet*, Guillot, chef de bataillon.
— *Martinet*, Cheffontaine, capitaine; Holtz, lieutenant.
— *Morand*, Martin-Lagarde, chef de bataillon; Boissard, lieutenant.
— *Casquet*, Tunas, sous-lieutenant.
— *Mac-Skechy*, Joubert, Craillat, capitaines.
— *Duchaume*, Saint-Léger, capitaine; Barraud, lieutenant.
— *Lafon-Blaniac*, Hébert, lieutenant.
— *Tarayre*, Viguier, lieutenant.

Adjoints à l'état-major général.

Chabert, Buscaille, chefs de bataillon; Vial Jacques,

Peyre, Guerin, capitaines; Mareschal, Pontieux, sous-lieutenans; Henry, Vaguemestre général, cap.

ARTILLERIE.

Songis, général de division, commandant.

Faultrier, général de brigade, directeur des parcs d'artillerie.

Chefs de brigade.

Tirlet, chef de l'état-major de l'artillerie.

Faure, commandant l'artillerie de la division du général Reynier.

Danthouard, directeur d'artillerie à Alexandrie.

Chefs de bataillon.

Ruty, commandant l'artillerie de la division du général Rampon.

Vermot, sous-directeur du parc.

Pâris, commandant le 2ᵉ bataillon du 4ᵉ régiment d'artillerie à pied.

Mangin, commandant l'artillerie de la division du général Friant.

Bert, commandant l'artillerie de la Haute-Egypte.

Lebrun, directeur d'artillerie à Damiette.

Bouchu, commandant l'équipage des ponts.

Flandrin, commandant la place de Gyzéh.

Doguereau, adjoint à l'état-major.

Daval, commandant l'artillerie au Kaire.

Mongenet, commandant l'artillerie de la réserve.

Dandigné, commandant l'artillerie de la division du général Lanusse.

Artillerie à cheval.

Hazard, chef d'escadron, commandant.

Bataillon d'artillerie de marine.

Miany, chef de bataillon, commandant.

GÉNIE.

Sansou, général de brigade, commandant.

Chefs de brigade.

Lazowski, Bertrand, Cazals, d'Hautpoul.

Chefs de bataillon.

Tousard, Geoffroy, Sorbier, Aymé, Michaud, Garbé, Malus, Dode, Vinache aîné, Bachelu.

Compagnies de mineurs.

2ᵉ compagnie, Marotine, chef de bataillon, commandant; Liedot, chef de bataillon.

5ᵉ compagnie, Roussel, chef de bataillon, commandant.

Bataillon de sapeurs.

Rousselet, chef de bataillon.

Aérostiers.

Conté, Coutelle, chefs de brigade; Lhaumont, chef de bataillon; Plazanet, capitaine-commandant.

Compagnie d'ouvriers militaires.

Lasagne, capitaine-commandant.

Compagnie d'ouvriers civils.

Audibrant, chef.

INGÉNIEURS CIVILS.

Le Père, ingénieur en chef, directeur.

Girard, ingénieur en chef, sous-directeur.

Ingénieurs ordinaires.

1re *classe.* Faye, en résidence à Alexandrie; Gratien le Père; Martin, à Beny-Ssouef; Saint-Genis, au Kaire.

2e *classe.* Lancret, à Rosette; Fèvre, à Gyzeh; Chabrol, au Kaire; Jollois, à Menouf; Raffeneau, à Syouth; Arnollet, à Alexandrie; Caristie, à Fayoum; Favier; Dubois, à Semenhoud; Devilliers, à Belbeys; Moline, à Minyeh; Alibert, à Damiette.

3e *classe.* Duchanoy, au Kaire; Pottier; Viard, élève, à Rosette.

INGÉNIEURS GÉOGRAPHES.

Jacotin, ingénieur en chef, directeur.
Simonel, sous-chef.

Ingénieurs de première classe.

Schouani, chef d'escadron; Lathuile, *idem;* Levesque, secrétaire du général en chef.

Ingénieurs de seconde classe.
Jomard, Corabœuf, Bertre, Lecesne.

Faurie, *ingénieur de troisième classe.*

CORPS DE TROUPES.
Infanterie légère.

2e *demi-brigade.* Schramm, chef de brigade; Geither, Marmont, Lacoste, chefs de bataillon.

4e

4ᵉ *demi - brigade.* Delzons, chef de brigade; La Croix, Stillaire, Ducouret, chefs de bataillon.

21ᵉ *demi - brigade.* Heppler, chef de brigade; Hausser, Valette, Gressin, Demarest, chefs de bataillon.

22ᵉ *demi-brigade.* Goguet, chef de brigade; Dettel, Baume, Pochet, chefs de bataillon.

Infanterie de bataille.

9ᵉ *demi-brigade.* Pepin, Langlois, chefs de brigade; Grandjean, Valdemann, Réal, chefs de bataillon.

13ᵉ *demi-brigade.* Froment, chef de brigade; Lamorendière, Marin, Renard, chefs de bataillon.

18ᵉ *demi - brigade.* Morangié, chef de brigade; Cassagne, Gallay, Nicolas, chefs de bataillon.

25ᵉ *demi - brigade.* Lefebvre, chef de brigade; Weikelle, Bazancourt, Duhamel, Saint-Faust (commandant à Rosette); Delonge (commandant une section du Kaire), chefs de bataillon.

32ᵉ *demi-brigade.* Darmagnac, chef de brigade; Athanoux, Laplane, Soulier, Girard (commandant au Vieux-Kaire), chefs de bataillon.

61ᵉ *demi-brigade.* Dorsenne, chef de brigade; Richard, Senneville, Villin, chefs de bataillon.

69ᵉ *demi - brigade.* Brun, Dupas (commandant la citadelle); Vincent (commandant une section du Kaire), chefs de brigade; Poly, Baille, Magne, chefs de bataillon.

75ᵉ *demi - brigade.* L'Huillier, chef de brigade;

Camut, Gruardet, Haricot, Lagardère (commandant à Damiette); Lamarque (commandant une section du Kaire), chefs de bataillon.

85e demi-brigade. Vialla, chef de brigade; Capellini,
Segueneau (commandant une section du Kaire); Hi-
gonet, Chanié, chefs de bataillon.

88e demi-brigade. Curial, chef de brigade; Raviers,
Piat, Blanc, chefs de bataillon.

Cavalerie.

Hussards, 7e régiment. Détrés, chef de brigade;
Le Caire, Curto, chefs d'escadron.

Chasseurs, 22e régiment. Latour-Maubourg, chef
de brigade; Luques, Denis, Reffroignet, chefs d'escadron.

Dragons, 3e régiment. Fiteau, chef de brigade;
Singlant, Ravier, chefs d'escadron.

Dragons, 14e régiment. Lambert, Villemet, chefs
de brigade; Roussel, Jolivet (commandant la place
de Boulac); Dermoncourt, chef d'escadron.

Drag. 15e régiment. Barthelemy, chef de brigade;
Richeter, Sénégal, chefs d'escadron.

Drag. 18e régiment. Lédée, chef de brigade;
Guyon, Leclerc, chefs d'escadron.

Drag. 20e régiment. Raynoud, chef de brigade;
Boussart, Sebille, chefs d'escadron.

Guides. Dériot, chef de brigade; Meunier, chef
d'escadron.

Dromadaires. Cavalier, chef de brigade; Fari-
nières, Bruu, chefs d'escadron.

TROUPES AUXILIAIRES.

Infanterie.

Légion grecque. Nicole Papas Oglou, chef de brigade ; Joanni Roza , chef de bataillon.

Légion copte. Maa'llem Ya'coub (commandant en chef , ; Gabriel, chef de brigade ; Haracli , A'bd-Allah , chefs de bataillon.

Cavalerie.

Bartholomeo Sera , chef de brigade , commandant les Mamlouks ; Ya'coub Habaiby, chef d'escadron , commandant la première compagnie de Syriens ; Yousef Hamaouy, chef d'escadron , commandant la deuxième.

ÉTAT-MAJOR DE LA PLACE ET ARRONDISSEMENT DU KAIRE.

Belliard, général de division, commandant la place du Kaire et arrondissement ; Rignoux, capitaine-adjoint.

Galbaud, général de brigade, commandant les 1re , 2e , 3e et 4e sections.

Duranteau, général de brigade , commandant les 5e , 6e , 7e et 8e sections.

Duchaume, adjudant-général , chef de l'état-major de la place , chargé du détail ; Sibrac, capitaine-adjoint ; Joussaud , Dupart, Tabary, Salabert, officiers-majors.

Commandans de section.

1re *section.* Delonge , chef de bataillon.

2e — Sauvet , capitaine.

3e — Segueneau , chef de bataillon.

4e — Murat , capitaine ; Dejean , sous-lieutenant-adjoint.

5e — Collet , capitaine.

6e — Lamarque , chef de bataillon.

7e — Lacère , capitaine.

8e — Gouttenoire , capitaine ; Neflié , lieutenant-adjoint.

Place de Boulac.

Jolivet , chef d'escadron , commandant ; Bayet , Rainaud , sous-lieutenans , aides-majors.

Place du Vieux-Kaire.

Girard , chef de bataillon , commandant ; Miou , sous-lieutenant , aide-major.

Place de Gyzéh.

Flandrin , chef de bataillon d'artillerie , commandant ; Santou , officier-major.

Commandans des forts.

Fort Détroy. Rest , capitaine ; Garin , lieutenant , aide-major.

Fort Lequoy. Rival , capitaine.

Fort Hugues. Tricher , lieutenant.

Citadelle. Dupas , chef de brigade , commandant ; Guillaudin , officier-major.

Fort Dupuis. Raffielly , capitaine.

Fort Godar. Pàris , sous-lieutenant.

Fort Grézieux. Bouvet , capitaine.

Fort Venoux. Blanc , lieutenant.

Fort Sulkouski. Deleage , capitaine.

Fort Camin. Davi , lieutenant.

Fort Conroux. Baptiste , sous-lieutenant.

Fort Donzelot. Prat , capitaine.

Fort Spizer. Combes , capitaine.

Fort Bon. Rizzi , lieutenant.

Fort Mireur. . . . .

MARINE.

Le Roy , préfet maritime.

Etat-major des ports.

Guyen , capitaine de vaisseau , chef militaire et des mouvemens.

Long , capitaine de vaisseau , commandant *le Dubois*.

Capitaines de frégate.

Tempié , commandant la corvette *le Bon*.

Rouvier , commandant la marine sur le Nil , chef d'état-major particulier de Boulac.

Duménil , chef d'état-major particulier de Rosette.

Rouden (Blaise) , chef d'état-major particulier de Damiette.

Ruault , commandant la frégate *le Leoben*.

Daumas , capitaine de port du commerce à Alexandrie.

Officiers du génie maritime.

Feraud, ingénieur ordinaire, faisant fonctions de chef du génie maritime.

Chaumont, sous-ingénieur, à Alexandrie.

Boucher, sous-ingénieur pour le second arrondissement, à Boulac.

Administration.

Maillot, commissaire principal, chef d'administration.

Sous-commissaires.

Thomas, chargé du second arrondissement, à Boulac.

Grand, chargé du détail des armemens, à Alexandrie.

Abraham, chargé du détail des approvisionnemens, à Alexandrie.

Commis principaux, chefs de détail.

Meyronet, chargé du détail des fonds et revues, à Alexandrie.

Chausset, chargé du quartier de Rosette.

Langlois, chargé du quartier de Damiette.

Riquier, chargé du quartier de Boulac.

Rouden (Barthelemy), agent de l'administration pour le quartier de Minyeh.

Contrôle.

Fabrègue, le cadet, sous-contrôleur, à Alexandrie.

Rolland, commis principal, à Boulac.

Troupes.

1ʳᵉ *compagnie d'artillerie.* Revol, capitaine; ****,
lieutenant en premier; Michel, lieutenant en second.

4ᵉ *compagnie d'ouvriers d'artillerie,* ****, capitaine
en premier; Juqueau, capitaine en second; Lamare,
lieutenant en premier, Ræder, lieutenant en second.

Gendarmerie nationale maritime.

Barrand, lieutenant.

Officiers de santé.

Entretenu de 1ʳᵉ *classe.* Villard, chargé en chef
du service de santé de la marine en Egypte.

Entretenus de 2ᵉ *classe.* Bondoumet, cavalier,
Mangin.

Auxiliaire de 1ʳᵉ *classe.* Desplan.

Auxiliaires de 2ᵉ *classe.* Dussap, Laugier,
Garçon, Aliens, Fichet, Fioupe, Ferrat, Lemoine,
Mayol, Niel.

Auxiliaires de 3ᵉ *classe.* Venissat, Aubert, Bidon,
Espanet, Clinchard (Louis), Clinchard (Jean),
Touache, Cassaguarde, Lichtlet, Speranza (Salvator),
Speranza (Joseph), Pernelly.

Pharmaciens.

Ritz, de 1ʳᵉ classe, chargé en chef du service de la
pharmacie maritime.

Niel, de 2ᵉ classe; Chedeau, Verlaque, de 3ᵉ classe.

POUDRES ET SALPÊTRES.

Champi père, administrateur; Champi fils, commissaire; Lebrun, chef de la poudrerie à Raouddah.

Y 4

ADMINISTRATION MILITAIRE.

H. Daure, inspecteur général aux revues.
Sartelon, commissaire-ordonnateur en chef.

Commissaires-ordonnateurs.

Laigle, Raymondon.

Commissaires des guerres.

Duprat, Regnier, Pinet, Tranchant, Colbert (Alphonse), Legois, Duval, Colbert (Edouard), Lepère, Capus, Robineau, Deriard, Dagiout. Sapia, Tardieu.

Commissaires-adjoints.

Agard, Ludières, Mony, Maupetit.

OFFICIERS DE SANTÉ.

Desgenettes, médecin en chef.

Médecins ordinaires.

Balme, Barbes, Carrié, Claris, Emeric, Frank, Garos, Gisleni, Pugnet, Renati, Salze, Savaresi, Sotira, Vautier.

Chirurgiens.

Larrey, chirurgien en chef.

Chirurgiens de première classe.

Casabianca, Mauban, Millioz, Boussenard, Rozel, Boucquin, Villepreux, Galland, Valet, Guiller, Voyau.

Chirurgiens de deuxième classe.

Le Clerc, Reynaud, Château-Neuf, Latile, Lachome, Zinck, Cellières, Gassier, Giraud, Doueil,

André, Bernard, Laugier, Massé, Cabart, Bruc, Bernier, Bertrand, Desplace, Sauri, Sarrauthes, Esquiron.

Chirurgiens de troisième classe.

Vergé, Roux, Tiercelin, Guirand, Bacquier, Lamarre, Pistre, Teillard, Pitiot, Latreille, Mainville, Pla, Démay, Arnould, Morange.

Pharmaciens.

Boudet, pharmacien en chef.

Pharmaciens de première classe.

Desir, Lemaire, Crouzet, Pouble, Flamand, Gachou, Galonié, Rouyer, Noel.

Pharmaciens de deuxième classe.

Berthau, Davoine, Royer, Dauby, Tournel, Trinquier, Plane, Bouino, Ebert, Hugues, Coulomb, Borelly, Niel.

Pharmaciens de troisième classe.

Rozier, Eustache, Bérenger, Grillo, Boyer, Verlaque, Chedeau, Monchamont, Dourdilly, Desgranges, Guignet, Dupuis, Castellas, Gas, Maury, Daran, Barry, Martin.

ADMINISTRATION DES HÔPITAUX MILITAIRES.

Gaston, agent en chef; Menestrier, agent divisionnaire; Gubert, *idem*, dans la Haute-Égypte; Pontès, *idem*, à Alexandrie; Lafaille, directeur des comptes; Auger, garde-magasin général.

Administration des subsistances militaires.

Laselve, directeur des comptes, et chef du service; Pichard, chef de correspondance; Lacroix, Desmarquest, Castelan, inspecteurs.

Administration du parc des transports.

Deville, Martin, entrepreneurs; Viet, chef de division.

Administration des postes.

Guerin, directeur général; Pirolet, contrôleur; Vilardeau, inspecteur.

Administration sanitaire.

Guirard, conservateur de première classe, chargé du service, à Boulac; Martin, de 3ᵉ classe, à Boulac; Bertrand, de 2ᵉ classe, à Alexandrie; Ronden, de 3ᵉ classe, à Lesbéh; Autrand, *idem*, à Rosette; Ferrier, *idem*, à Boulac; Soleilles, *idem*, au Kaire.

Commission de salubrité.

Sanson, général de brigade; Daure, inspecteur général aux revues; Le Roy, préfet maritime; Desgenettes, médecin en chef; Larrey, chirurgien en chef; Boudet, pharmacien en chef.

Zink, secrétaire de la commission.

ADMINISTRATION CIVILE.

ADMINISTRATION GÉNÉRALE DES FINANCES ET DU TRÉSOR PUBLIC.

Estève, directeur général des revenus publics de l'Egypte.

Peyrusse, secrétaire de la direction ; Rancé, receveur principal ; Félician, payeur principal.

FINANCE.

Revenus en nature, et mobilier national. Reynier, directeur.

Domaines nationaux. Chanaleilles, directeur.

Droits sur les cheykhs el-beled. Brisson, directeur ; le cheych Soleyman el-Fayoumi, *idem.*

Droits affermés, Lascaris, directeur.

Droits de l'enregistrement. Derancé, directeur.

Droits sur les corporations. Dallonville, directeur.

Monnaie du Kaire. Bernard, directeur ; Corrancé, contrôleur.

Contrôleurs.

Doumerc, pour le 1er arrondissement, à Syouth ; Chasseriaux, pour le 2e, à Bény-Ssouef ; Melan, pour le 3e, au Kaire ; Lemaitre, pour le 4e, à Belbeys ; Piron, pour le 5e, à Alexandrie ; Pellicot, pour le 6e, à Damiette ; Lefeuvre (Arnoldy), pour le 7e, à Semenhoud ; Vidau, pour le 8e, à Menouf.

Douanes.

Bouvier, directeur de la douane d'Alexandrie ; Beauregard, *item,* de celle de Rosette ; Pina, *item,* de celle de Damiette ; Duquesnoy , *idem* , de celle de Souès ; Durant, *idem*, de celle du Kaire (Bab el-nasr); Lapanouze , *idem*, de celle de Syouth.

Droits de marque sur les ouvrages d'orfèvrerie.

Regnault , essayeur-général , contrôleur au Kaire ; Hassenfraz , contrôleur à Syouth ; Saint-Chaman , *id.* à Damiette ; Dussaut , *id.* à Rosette ; Brunet , *id.* à Alexandrie.

TRÉSOR PUBLIC.

Receveurs-payeurs.

Bonthoux, payeur de la marine , au Kaire.

Petruccj, receveur-payeur du 1er arrondissement, à Syouth.

Armand, *id.* du 2e , à Alexandrie:

Wepfert, receveur } du 3e , Kaire.
Duclaux , payeur

Rouge , receveur-payeur du 4e , à Belbeys.

Sabatier , *id.* du 5e , à Alexandrie.

Vassal , *id.* du 6e , à Damiette.

Bastide , *id.* du 7e , à Semenhoud.

Paul (Auguste) , *id.* du 8e , à Menouf.

CONSEIL PRIVÉ D'ÉGYPTE.

Conseillers-nés , créés par l'ordre du jour du 15 fructidor an 8.

Tous les généraux de division et de brigade attachés à l'armée, quand ils seront au Kaire.

Les deux plus anciens adjudans-généraux en activité qui se trouvent au Kaire.

Les deux plus anciens chefs de brigade d'infanterie, *idem.*

Les deux plus anciens chefs de brigade de cavalerie, *idem.*

Le plus ancien chef de brigade du génie , *idem.*

Le plus ancien chef de brigade de l'artillerie, *idem.*

L'ordonnateur en chef de l'armée.

L'ordonnateur de la marine.

Le directeur-général des revenus publics.

Le chef d'état-major de la marine , commandant à Boulac.

Les commissaires-ordonnateurs de l'armée qui se trouveront au Kaire.

Les médecin , chirurgien et pharmacien en chef de l'armée.

Conseillers amovibles , nommés par l'ordre du jour du 17 fructidor an 8.

Fourier, secretaire perpétuel de l'institut.

Le Père, directeur-général des ponts et chaussées , membre de l'institut.

Conté , chef de brigade des aérostiers , membre de l'institut.

Champy , directeur-général des poudres et salpêtres, membre de l'institut.

Costaz , membre de l'institut.

Jacotin , directeur des ingénieurs - géographes , membre de l'institut.

Thevenin , négociant.

Reynier , frère du général de ce nom.

Regnier , commissaire des guerres.

Girard, ingénieur en chef des ponts et chaussées, membre de l'institut.

Chanaleilles, directeur des domaines nationaux.

DIVAN DE L'ÉGYPTE.

Membres résidans du divan.

Les cheykhs A'bd-Allah ech-Cherqaouy, Soleyman el-Fayoumy, Mohhamed el-Emir, Mousttafa es-Saouy, Mohhamed el-Mohdy, A'bd er-Rahhman el-Gabarty, le chérif Seyd A'ly er-Rachidy, les cheykhs Khralyl el-Bekry, Moussa Sirsy.

Le citoyen Fourier, commissaire français près le divan.

Le cheykh Ismaïl ez-Zurkany, homme de loi.

Le cheych Ismaïl el-Khachab, rédacteur des annales.

Don Raphael, premier interprète.

ADMINISTRATION GÉNÉRALE DE LA JUSTICE.

Tous les tribunaux de l'Egypte rendent la justice au nom du peuple français.

Le citoyen Fourier, chef de l'administration ; Pourrière, secrétaire.

IMPRIMERIE NATIONALE.

J. J. Marcel, directeur ; Puntis, prote ; Galland, correcteur d'épreuves ; Bauduin, sous-prote.

Compositeurs français, *NN* ; compositeurs grecs, *NN* ; compositeurs arabes, turks et persans, *NN* ; compositeurs cobtes, etc., *NN* ; imprimeurs, *NN*.

INSTITUT.

L'institut d'Egypte est divisé en quatre sections, mathématiques, physique, économie politique, littérature et beaux-arts.

MEMBRES DE L'INSTITUT

(Les noms des membres absens sont imprimés en lettres italiques.)

Mathématiques.

Andreossy., *Bonaparte*, Costaz, Fourier (secrétaire perpétuel de l'institut); Girard, Fourcret, Lepère, Le Roy, Malus, *Monge*, Nouet, *Quesnot.*

Physique.

Beauchamp, *Bertholet*, Boudet, Champy (père), Conté, Delisle, Descotils, Desgenettes *Dolomieu*, *Dubois* (père), Geoffroy, Larrey, Savigny.

Economie politique.

Corancey, *Duga*, *Fauvelet-Bourienne*, Jacotin, *Poussielgue*, Reynier, Tallien.

Littérature et arts.

Denon, Dutertre, Le Père, *Norry*, *Parseval*, Protain, don Raphaël, Redouté, Rigo, Rigel; *Ripaut.*

Bibliothécaires. Coquebert, Méchain.

Membres de la commission d'agriculture. Champy (père), Delisle, Nectoux.

COMMISSION DES SCIENCES ET ARTS.

(Les noms des membres absens sont imprimés en lettres italiques.)

Antiquaires. Ripaut, *Pourlier.*

Architectes. Balzac, Le Père, *Norry*, Protain.

Astronomes. Nouet, *Quesnot*, Méchain (fils).

Botanistes. Delisle, Coquebert, Nectoux.

Chimistes. Bertholet, Champy (père), Descotils, Champy (fils).

Chirurgiens. Dubois, Labate, Lacypierre.

Dessinateur. Dutertre.

Géomètres. Monge, Fourier, Costaz, Corancey.

Graveur. Fouquet.

Ingénieurs civils. Le Père, ingénieur en chef, directeur; Girard, ingénieur en chef; Faye, Le Père (Gratien), Martin, Saint-Genis, Lancret, Fèvre, Chabrol, Jollois, Raffeneau, Arnollet, Caristie, Favier, Dubois, Devilliers, Moline, Duchanoy, Alibert, Regnault, Bernard, Potier, Viard (élève).

Ingénieurs-géographes. Jacotin, ingénieur en chef, directeur; Simonel, sous-chef; Levesque, Jomard, Corabœuf, Bertre, Lecesne, Laroche, Faurie, Jomard (élève-ingénieur).

Ingénieurs - constructeurs. Boucher, Chaumont, Greslé.

Littérature orientale. J. J. Marcel, *Joubert,* Belletète, Raige, Delaporte.

Littérateurs. Denon, Parseval, Lerouge, Galland.

Mécaniciens. Conté, directeur; Coutelle.

Artistes. Adnès (père), Adnès (fils); Cécile, ingénieur-mécanicien; Aimé, Collin, Couvreur; Lenoir, ingénieur en instrumens de mathématiques.

Musiciens. Rigel, Villoteau.

Minéralogistes. Dolomieu, Cordier, Rozière, Dupuy.

Naturalistes. Geoffroi, Savigny.

Peintres. Redouté, peintre d'histoire naturelle; Rigo.

Pharmaciens. Boudet, chef; Rouhières.

Sculpteur. Castex.

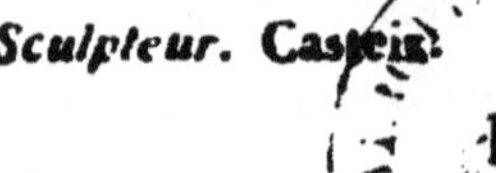

POSITION GÉOGRAPHIQUE
DE DIFFÉRENS POINTS DE L'ÉGYPTE,

Déterminée par le citoyen NOUET.

NOMS DES LIEUX.	LONGITUDE EN TEMPS.			LONGITUDE EN DEGRÉS.			LATITUDE BORÉALE.		
	h.	m.	s.	d.	m.	s.	d.	m.	s.
Abou el-Chey (Santon)..	1	58	11	29	32	44	30	31	5
Alexandrie (au phare).........	1	50	20	27	25	0	31	13	5
Antinoë (ruines d')...........	1	54	19	28	34	44	27	48	59
Belbeys (au camp)...........	1	56	54	29	13	36	30	25	36
Beny-Souef...............	1	55	29	28	52	15	29	9	12
Karnak (ruines de Thèbes)......	2	1	20	30	20	4	25	44	0
Damiette...............	1	57	37	29	29	15	31	25	43
Dendérah (temple)...........	2	1	21	30	20	12	26	10	20
Dibeh (bouches du lac Menzaléh)..	1	59	9	29	47	15	31	22	6
Edfou (ville et temple)........	2	2	12	30	33	4	24	59	59
Esneh (ville et temple)........	2	0	56	30	14	4	25	19	39
Gau-Charkyeh (ville et temple)..	1	56	46	19	11	24	26	54	2
Gyrgeh..................	1	58	19	29	34	51	26	22	20
Hou....................	2	0	2	30	0	27	26	13	0
Ile Philé (au dessus de la cataracte).	2	2	15	30	33	46	24	3	45
Kaire (à l'Institut)..........	1	55	52	28	58	0	30	3	20
Kenneh.................	2	1	38	30	24	30	26	11	20
Koum-Ombos (temple).......	2	1	54	30	28	34	24	28	0
Lesbeh.................	1	58	7	29	31	50	31	29	41
Luxor (ruines de Thèbes)......	2	1	16	30	19	6	25	41	0
Médinet-Abou (ruines de Thèbes).	2	1	7	30	15	42	25	43	33
Minyeh.................	1	55	54	29	28	35	28	8	20
Om-Farége (bouche du lac Menzaléh).	2	0	40	30	12	5	31	8	59
Palais de Memnon (ruines de Thèbes).	2	1	11	30	17	44	25	44	30
Rosette (le minaret nord)......	1	52	32	28	8	5	31	25	0
Sallehhyeh...............	1	58	38	29	39	30	30	30	28
Souès..................	2	1	0	30	15	5	29	59	6
Syène..................	2	2	17	30	34	19	24	8	6
Syouth.................	1	55	33	28	23	17	27	13	14
Tannis (île du lac Menzaléh).....	1	59	27	29	51	45	31	12	50
Tour du Bogafeh...........	1	58	11	29	33	51	31	12	14
Tour du Boghaz............	1	58	6	29	41	37	31	30	40

DISTANCES RÉCIPROQUES

Des différens points de l'Égypte

NOMS DES LIEUX.	TOISES.	LIEUES de 2282 toises.
Kaire à Alexandrie..................	9?,?16	41, 6
Alexandrie à Rosette...............	24,3??	12, 8
Kaire à Rosette....................	8?,??1	18, 1
Rosette à Damiette.................	64,???	28, 0
Kaire à Damiette...................	82,1?6	36, 0
Damiette à Les?h...................	4,???	1, 9
Damiette au Boghaz.................	?,?84	2, 2
Damiette au B?gat?h................	6,828	2, 0
Bogaféh à la bouche de Dib?h.......	1?,1??	6, 6
Damiette à la bouche de Dib?h......	1?,??2	6, 6
Damiette à la bouche d'Om-Farege...	16,91?	16, 1
Damiette à l'île ?antis............	22,?38	9, 6
Damiette à Salehhych...............	36,248	15, 8
Kaire à Salehhych..................	54,???	24, 0
Salehhych à Belbeys................	3?,??8	13, 1
Kaire à Belbeys....................	24,687	10, 8
Belbeys à Abouech-Chey.............	16,857	?, 4
Abouech-Chey à Om-Farege...........	46,555	20, 4
Abouech-Chey à Soues..............	46,?88	20, 5
Belbeys à Soues....................	56,616	24, 8
Kaire à Soues......................	63,922	28, 0
Kaire à Beni-Souef.................	51,469	22, 2
Beni-Souef à Minyéh................	60,93?	26, ?
Kaire à Minyéh.....................	112,4?6	49, 2
Minyéh à Antinoé...................	19,???	8, ?
Kaire à Antinoé....................	131,???	?, 6
Antinoé à Syouth...................	3?,??9	16, ?
Kaire à Syouth	168,???	73, 0
Syouth à Gau-Charkyeh..............	24,628	10, 4
Kaire à Gau-Charkyeh...............	192,381	84, 2
Gau-Charkyeh à Gyrgeh..............	36,102	15, 8
Kaire à Gyrgeh.....................	228,18?	100, 1
Gyrgeh à Hou.......................	23,61?	10, 4
Kaire à Hou........................	252,119	110, 5
Hou à Kenneh.......................	20,668	9, 0
Kaire à Kenneh.....................	2?2,?86	119, 5
Kenneh à Karnak....................	26,154	11, 2
Kaire à Karnak.....................	298,740	130, 9
Karnak à Esneh.....................	23,625	10, 3
Kaire à Esneh......................	322,365	141, 3
Esneh à Edfou......................	24,829	10, 9
Kaire à Edfou......................	347,194	152, 2
Edfou à Koom-Ombos.................	36,??1	11, 3
Kaire à Koom-Ombos	3??,925	16?, 5
Koom-Ombos à Syène.................	19,462	8, 5
Kaire à Syène......................	397,387	16?, 5
Kaire à Syène en ligne directe.....		151, ?
Syène à l'île Philé................	4,146	1, 9

Nota. Les distances du Kaire, aux points de la haute Egypte, sont les résultats des différens points intermédiaires, en suivant le cours du Nil.

Reliure serrée